3,—

cmz

W0039068

Altenkirchen, 11.1.19

Wolfram Behmenburg

Wolfram Behmenburg

(KLÜNGELBEUTEL)

Djihad in Wittenberg

Martin Luther sein Kampf
und andere Satiren
aus der Welt des Heiligen

Mit Fotos von Angelika Wuttke
und einem Vorwort von Hans Leyendecker

Bibliografische Information der Deutschen Nationalbibliothek

Die Deutsche Nationalbibliothek verzeichnet diese Publikation
in der Deutschen Nationalbibliografie; detaillierte bibliografische Daten
sind im Internet über http://dnb.d-nb.de abrufbar.

© dieser Ausgabe 2016 by CMZ-Verlag
An der Glasfachschule 48, 53359 Rheinbach
Tel. 02226-9126-26, Fax 02226-9126-27, info@cmz.de

Satz
(Adobe Garamond 11 auf 13,5 und Futura)
mit Adobe InDesign CS 5.5:
Winrich C.-W. Clasen, Rheinbach

Papier (G-Print 115 g):
Grycksbo Paper AB, Grycksbo / Schweden

Umschlagbild (Plakat »Djihad in Wittenberg«):
Torsten Wolber, Köln

Umschlaggestaltung:
Lina C. Schwerin, Hamburg

Gesamtherstellung:
Livonia Print Ltd., Riga / Lettland

ISBN 978-3-87062-516-0

20160421

www.cmz.de

Warnhinweis
für die Lektüre dieses Produkts:

Zu Risiken und Nebenwirkungen
lesen Sie Ihre heilige Schrift
und fragen Sie Ihren Papst oder Propheten.

Inhaltsverzeichnis

115 Kabarettperlen aus 25 Jahren

183 Sieben Weihnachtsgeschichten

Pegidastan, Scheren im Kopf, und die Muslima rappt

Ein Vorwort von Hans Leyendecker

Bevor man sich in labyrinthischen Korridoren verirrt, helfen meist alte Lexika und solide Wörterbücher. Ist das auch beim Djihad so? Das 2003 erschienene kleine Sachlexikon »Die arabische Welt«, definiert den Begriff zunächst als »militärische Anstrengung zur Ausweitung und gegebenenfalls Verteidigung des islamischen Herrschaftsbereichs«. Der Ausdruck, erklärt der Autor des Buches, Alexander Flores, komme im Koran mehrfach vor. Der Wort bedeute: »Sich - Bemühen«.

Außerdem ermögliche der Koran ein »ganzes Spektrum von Interpretationen […] bis hin zum Verzicht auf Gewalt«. Man unterscheide auch zwischen einem »großen Djihad« (friedliche Selbstüberwindung) und dem »kleinen Djihad« (dem militärischen). Es gebe, was den Begriff angehe, jedenfalls »keine eindeutigen islamischen Vorschriften«.

Also: Die gebräuchliche Definition, dass der Djihad in jedem Fall »Heiliger Krieg« meint und der Islam angeblich die Religion des Schwertes ist, trifft nicht die Realität. Unter dem Banner des Islam hat es, wie bei anderen Religionen auch, zu allen Zeiten viele Strömungen gegeben: Im Namen des Islam wurden

Andersgläubige verfolgt, aber es wurde auch religiöse Toleranz praktiziert. Was der wahre Islam sei, war stets Gegenstand von heftigen Auseinandersetzungen. Das kennt man auch von anderen Religionen.

Das interreligiöse Luther-Programm des Kabaretts KLÜNGELBEUTEL läuft unter dem Titel »Djihad in Wittenberg«, und ein solcher Titel ist schnell von Missverständnissen umstellt. Ob sie nicht wenigstens den Titel ändern könnten oder vielleicht auch das Plakatmotiv - darum wurden die Kabarettmacher gebeten. Sie blieben standhaft, und dafür sind sie zu loben. Fatime, die »rappende Muslima« übersetzt den »Djihad« so: Sich so sehr anstrengen, wie es einem möglich ist.

Das macht Kabarett. Dieses Buch enthält die Texte des aktuellen Programms plus einen kleinen Querschnitt von KLÜNGELBEUTEL-Texten aus 25 Jahren sowie ein paar Weihnachtsgeschichten des Autors. Ein Lesespaß mit vielen Fotos.

Die Zeiten sind ernst. Es gibt Menschen aus Pegidastan, die in Dresden und anderswo von einem antimigrantischen Schutzwall fantasieren. Sie rufen »Lüge«, wenn jemand die Wahrheit sagt. Rechtsradikale Schlägerbanden terrorisieren das Land. Dabei gilt: Wenn sich jemand unter Berufung auf eine Religion oder eine Weltanschauung so aufspielt, dass er die anderen verachtet oder Feindschaft und Hass säen möchte, ist er ein Menschenfeind. Das gilt im Blick auf islamische Fundamentalisten, aber leider auch im Blick auf das Deutschland des Jahres 2016. Wenn Rechtsextremisten von »national befreiten Zonen«

sprechen, dann ist das ein Anschlag auf Rechtsstaat und Demokratie und ein Grund zur Scham für alle wirklichen Patrioten.

Der 500. Jahrestag der Reformation steht bevor und schon deshalb lohnt ein Blick, wie der große Reformator es selbst mit der Toleranz hielt. Nicht so toll. Auch nicht in Sachen Islam. Zwar prägte Luther mit einer Übersetzung des lateinischen Wortes »tolerantia« den deutschen Begriff »tollerantz«, aber das sollte man, jedenfalls wenn es um den Islam geht, nicht wörtlich nehmen. Von interreligiösem Zusammenleben hielten die allermeisten seiner Zeitgenossen nichts und Luther auch nicht.

Dabei verlangt Toleranz nicht, dass man alles hinnehmen muss. Toleranz bedeutet mitnichten, dass jeder machen kann, was er will. Toleranz heißt auch nicht Beliebigkeit, heißt nicht, dass man für alles Verständnis haben soll. Toleranz ist nichts Schrankenloses. Sie kann nur innerhalb klar definierter Grenzen existieren und diese Grenzen formen – auf dem Weg über das Recht – das Grundgesetz, die Grundrechte, der Rechtsstaat.

Mir ist aber das Wort Respekt lieber als das Wort Toleranz. Der Gegenbegriff zur Toleranz ist nämlich die Intoleranz, und wir wissen, wie leicht der Wechsel dorthin ist, wie wenig es hierzu bedarf und wie schwer es ist, wieder zurückzufinden von der Intoleranz zur Toleranz.

Der Begriff »Türke« stand bei Luther für Islam. Der Reformator hat sich fast ein Leben lang mit der angeblich großen Gefahr, die von den Türken drohte, beschäftigt. Er schrieb die »Vermahnung zum Gebet wider den Türken«, arbeitete an einer Übersetzung einer »Widerlegung« der islamischen Lehre. Für ihn war das einfach der falsche Glaube. Kreuzzüge lehnte er zwar ab, aber ein Miteinander gab es für ihn nicht.

Der Reformator wurde durch das Mittelalter geprägt: »Was heute selbstverständlich erscheint, den Islam als Weltreligion zu würdigen, ist Luther fremd«, steht in einem Standardwerk über »Türken und Islam«. Die Reformation habe »zur Lösung der Frage, wie die Beziehungen des Abendlandes zum Islam neu gestaltet werden könnten, kaum einen positiven Beitrag geleistet«.

Natürlich hätte es lehrreich werden können, wenn kein Journalist wie ich, sondern interreligiöse Mitstreiter aus dem Bereich der noch relativ jungen christlich-muslimischen Dialog-Theologie ein solches Vorwort geschrieben hätten. Aber die Zeiten sind nicht so. Dort hat man sich vor unangenehmen Folge-Diskussionen mit den diversen religiösen Interessenverbänden gefürchtet und am Ende einen Rückzieher gemacht. Die Schere im Kopf – und das ist dann wiederum der Beitrag der Kabarettisten – darf es aber hier als letztes Wort nicht geben.

Dass Integration Aufgabe von Staat, Gesellschaft und Migranten ist, sagen in diesen ereignisreichen Tagen Politiker aller seriösen Parteien. Sie haben Recht.

Es geht eigentlich immer um dieselbe Frage: Wie können Menschen miteinander leben, die ganz unterschiedliche Dinge für wahr und für richtig halten? Wie ist das, wenn sie etwas tun, was die jeweils anderen unbegreiflich finden?

Vielleicht können das Kabarett und das Theater am leichtesten diesen ganzen Krampf auflösen.

Es war der lutherische Pfarrerssohn Gotthold Ephraim Lessing, der das Miteinander anschaulich machte. Er führte mit Mitteln des Theaters den Zuschauern vor, wie Menschen unterschiedlichen Glaubens in gegenseitiger Achtung miteinander umgehen können. Lessings »Nathan der Weise« hat eine klare und einfache Botschaft: Wenn Muslime, Juden, Christen gleichberechtigt miteinander leben, ist das gut für alle.

Der christliche Tempelherr rettet Nathans Ziehtochter vor einem Brand - ihre vermeintliche Herkunft spielt keine Rolle, weil das Retten nach seiner Auffassung »nun einmal die Sache von Tempelherrn« ist. Der moslemische Sultan begnadigt ihn gegen alle Gewohnheit, und der jüdische Kaufmann steht diesem Sultan in finanziellen Schwierigkeiten bei.

Erinnern wir uns: Als Lessing geboren wurde, lag der Westfälische Friede von 1648 gerade einmal achtzig Jahre zurück. Dieser Friede hatte die schrecklichen Religionskriege des 16. und 17. Jahrhunderts beendet und das Zusammenleben von Katholiken und Protestanten auf eine neue Grundlage gestellt. Das war ein großer Fortschritt, auch wenn die Konflikte zwischen ihnen damit beileibe nicht aus der Welt waren.

Wir brauchen etwas Tieferliegendes, etwas, das nicht so leicht entwurzelt werden kann. Sich gegenseitig nicht nur gewähren, sondern gelten lassen. Darauf kommt es an. Demokratie muss man lernen. Toleranz und Respekt auch.

Die KLÜNGELBEUTEL-Macher wissen, dass man Intoleranz überstehen kann. Köln hat den Erzbischof Joachim Meisner überstanden, der von furchtbarer Intoleranz war. Überall sah er Diaspora. Opus Dei, diese unheimliche Sekte, hat er gefördert. Das vorherige Kabarettprogramm des Kölner Ensembles war daher 2013 just ihm gewidmet gewesen: »Vielen Dank, Joachim – Ein kabarettistischer Lobgesang zum Abschied von Kardinal Meisner« (siehe in diesem Buch S. 161 und S. 172).

In diesem Programm nun hören wir aus dem Mund seines Nachfolgers andere Töne. In maliziöser Doppeldeutigkeit propagiert KLÜNGELBEUTELs Kardinal Woelki eine »alte katholische Weisheit«, der man auch heute noch manchmal Geltung wünschen möchte:

»Kannst du deinen Gegner nicht eliminieren, lächle ihn in Grund und Boden. Das hat unsere Kirche in ihren besten Zeiten immer beherzigt. Denn es gibt nun mal auf lange Sicht nichts Effektiveres, als seine Feinde zu lieben. Bis sie genau daran gestorben sind«.

Was für ein Spaß.

Hans Leyendecker (Jahrgang 1949) ist einer der profiliertesten investigativen Journalisten Deutschlands und leitet das entsprechende Ressort der *Süddeutschen Zeitung.* Der Katholik ist langjähriger Fan des KLÜNGELBEUTEL und lebt in Leichlingen im Bergischen Land.

Zur Entstehung von „Djihad in Wittenberg"

Einleitung von Wolfram Behmenburg

Ein Vormittag im Januar 2016. Es klingelt an der Haustür. Ich drücke den Türöffner und sehe den Paketboten. Heute ist es wieder einer von denen mit schwarzafrikanischem Migrationshintergrund.

Er wuchtet ein schweres Paket die Treppe hoch. Er stöhnt.

»Schwer, was?« ermuntere ich ihn.

»O ja, « sagt er, »puh! Was ist da drin?«

»Andachtsbildchen« sage ich, »20.000 Stück. Für ein Kabarettprogramm.«

»Aha«, sagt er.

»Kennen Sie Martin Luther?«

Er guckt verständnislos.

»Das sind lauter kleine Bildchen mit Martin Luther drauf.«

Immer noch nichts. Er holt sein Unterschriften-Pad hervor und hält es mir hin.

Ich versuche es noch einmal. Diesmal spreche ich Martin Luther auf die englische Weise aus.

»Ah!«, sagt er jetzt und strahlt, »Martin Luther King. Gut!«

Ich will erst noch etwas erwidern. Aber dann quittiere ich doch nur den Empfang, und wir wünschen uns noch einen schönen Tag.

Und ich ahne, welche Bedeutung das Reformationsjubiläum 2017, für das die Evangelische Kirche hier schon seit so vielen Jahren so viel tut, für einen Großteil der Menschen in unserem Land hat.

Was zu Deutschland gehört

Natürlich gehört Martin Luther zu Deutschland. Nicht umsonst taucht er in den Ranglisten der wichtigsten Deutschen aller Zeiten regelmäßig auf einem der Plätze ganz vorne auf. Und selbst für die, die Geschichte nicht so sehr interessiert, ist da dann ja immer noch der »Luther-Mythos«, den zumindest die einheimischen Westdeutschen weitgehend kennen: Thesenanschlag, Wartburg, »Hier stehe ich, ich kann nicht anders« und die Lutherbibel.

Die Reformation Martin Luthers gehört jedenfalls unbestritten zu den Dingen, die unser Land entscheidend geprägt haben und die eigentlich jeder kennen sollte. Sie steht damit auf einer Stufe mit der deutschen Teilung, dem Mauerfall, der Nazizeit, den beiden Weltkriegen, Adenauer, Goethe, Karl dem Großen. Insofern ist der staatliche Feiertag zum Reformationsjubiläum 2017 durchaus ein passendes Symbol für die überragende historische Bedeutung des Reformators für unser Land bis heute.

Aber wenn man auf das konkrete Leben der Menschen in der bunten deutschen Gesellschaft von heute schaut, was heißt das dann?

Ist die Reformation nicht letztlich nur noch eine längst abgehakte Entwicklungsstufe, so dass von dem Wittenberger für die Heutigen kaum mehr bleibt als gerade mal die Erinnerung an seine historischen Verdienste?

Ist Martin Luther also nur noch deutsches Museum – und längst schon kein Faktor mehr im Streit um die Gegenwart?

Und in der Folge: Ist der hiesige Protestantismus zufrieden mit seiner Rolle als deutsche Wohnzimmertapete und damit, dass die Ausbrüche religiöser Radikalität heute anderswo passieren?

Inzwischen haben wir uns daran gewöhnt zu sagen, dass auch der Islam zu Deutschland gehört.

Im Land der Reformation und der erbitterten Auseinandersetzungen der christlichen Konfessionen hat das Christentum damit faktisch heute sein religiöses Alleinstellungsmerkmal verloren. Ja, man hat sogar manchmal das Gefühl: Die Minderheitsreligion Islam macht einen viel kraftvolleren, selbstsichereren Eindruck und bestimmt viel stärker die öffentliche Debatte, wenn auch oft mit einem negativen Akzent, als das Christentum. Letzteres besetzt zwar nach wie vor viele gesellschaftliche Machtpositionen, wirkt aber dabei manchmal wie ein in Ehren ergrauter *Elder Statesman*: war mal wichtig, wird mit Recht auch weiter geehrt, ist aber auch schon ein bisschen aus der Zeit gefallen.

Morgenland beats Abendland?

Interreligiöses Kabarett

Die Grundidee des hier veröffentlichten Kabarett-Programms ist es, den Reformator aus seiner Museumsecke herauszuholen und versuchsweise wieder unters Volk zu bringen. Allerdings ist das dann ein Volk von heute. Und deshalb begegnet der Wittenberger dort dann auf einmal auch jener anderen Religion, die inzwischen eben auch zu Deutschland gehört, auch wenn das zu seiner Zeit noch unvorstellbar war und mit dem Kommen des Weltendes gleichgesetzt wurde.

Interreligiöses Kabarett – so etwas ist noch weitgehend Neuland. Es ist daher auch nicht ohne Risiko, ausgerechnet Martin Luther vor dem Hintergrund des zeitgenössischen Islam zu aktualisieren und dort beide miteinander in Kontakt zu bringen, mit ihren hellen wie mit ihren dunklen Seiten. Und der Titel »Djihad in Wittenberg«, so pointiert und treffend er für diesen Ansatz auch sein mag, ist natürlich noch mal eine besonders große Provokation. »Musste das wirklich sein«, so fragte uns eine Freundin und engagierte Kirchenfrau, »dass ihr Begriffe, die für mich so positiv besetzt sind wie Martin Luther und Wittenberg, mit einem so schrecklichen Wort wie Djihad in Verbindung bringt?« »Ja«, lautet unsere Antwort, »für die kreative Zentralperspektive dieses Programms war das für uns nötig.«

Aber andererseits: Sind nicht gerade Zumutung und Provokation immer auch Markenzeichen des Wittenberger Reformators selber gewesen?

Martin Luther und die Deutsch-Türkin Fatime – zwischen diesen beiden Personen und ihren Religionen läuft also der große Spannungsbogen dieses Stücks. Die Beiden halten auch die zwischenzeitlichen kabarettistischen Ausflüge in die inhaltlich angrenzenden Gebiete immer wieder zusammen. Denn ein Stück religiös-satirische Unterhaltung ist das Programm natürlich auch, und daher begegnet man unterwegs nicht nur den beiden Hauptpersonen, sondern auch einem Mario Draghi, der evangelisch werden will, einem Kardinal Woelki, der plötzlich seine Liebe zu Martin Luther entdeckt, oder einem Karnevals-Duo, das mit kölschen Liedern die zentralen Inhalte der Reformationstheologie erklärt.

Aber den Rahmen des Ganzen bilden Luther und Fatime und das, was sie miteinander austragen und voneinander lernen.

Kabarett zwischen Buchdeckeln

Die Texte des großen ersten Kapitels dieses Buches »Djihad in Wittenberg« sind sämtlich geschrieben worden für das aktuelle Kabarett-Programm des KLÜNGELBEUTEL, das ja denselben Titel trägt. Für den Druck habe ich die Texte leicht bearbeitet und, wo nötig, hier und da angepasst. Einiges musste ich auch weglassen, was sich nur in der Bühnen-Live-Situation erschließt. Vieles konnte ich aber auch durch die Hinzunahme von Fotos verdeutlichen, die deshalb in großer Zahl in die Texte integriert worden sind.

Aus Anlass des 25-jährigen KLÜNGELBEUTEL- Jubiläums im September 2015 habe ich im zweiten Teil einen Querschnitt von Texten aus diesen zweieinhalb Jahrzehnten unserer Bühnengeschichte zusammengestellt. (Einige dieser Stücke sind hier und da auch schon in anderen Publikationen veröffentlicht.) Ich habe diese Texte jeweils mit Jahreszahl versehen und chronologisch angeordnet. Wer will, kann sie also auch historisch lesen als eine kleine kirchenkabarettistische Zeitreise durch diese Jahre.

Der dritte Teil sind einige der Weihnachtsgeschichten aus meiner Feder. Sie sind im Laufe der letzten zwei Jahrzehnte entstanden und oft auch durch Aktualitäten ihrer Zeit geprägt. Da sie zudem meist einen satirischen Ton haben, fand ich sie für dieses Buch auch passend. Ich habe sie daher gleichsam als »Bonus-Kapitel« ebenfalls angefügt.

Dank

Ich bin zwar faktisch der Autor all dieser Texte, derjenige, der sie aufgeschrieben und zu Ende konzipiert hat. Aber sehr viele Anregungen, gemeinsam errungene Weichenstellungen und auch Pointen verdanke ich meinen Mitstreitern.

Allen voran nenne ich Joschi Vogel, unseren langjährigen Regisseur. Noch stärker als die bisherigen Programme ist »Djihad in Wittenberg« in monatelanger enger Zusammenarbeit und im kreativen Dialog mit ihm gereift. Oft hat auch meine Frau Ulrike Behmenburg an diesem

Dialog teilgenommen, der ich an dieser Stelle ebenfalls sehr herzlich danke.

Ein großer Dank geht auch an Angelika Wuttke, unsere langjährige Fotografin. Sie hat die vielen großartigen Fotos beigesteuert, die den ersten Teil dieses Buches prägen und die einen großen Anteil daran haben, dass aus den Texten für die Bühne schließlich ein buntes und hoffentlich ebenso verständliches wie vergnügliches Lesebuch geworden ist.

Jutta und Friedrich Behmenburg und Wencke Wesemann haben in den ersten zwanzig Jahren fest zum Ensemble des KLÜNGELBEUTEL gehört und waren in diesen Jahren an der Entstehung vieler der Texte beteiligt, die im zweiten Teil des Buches stehen: »Kabarettperlen aus 25 Jahren«. Auch Wencke, Jutta und Friedrich verdanke ich viel.

Das gilt auch für Walter Kunz, unseren Keyboarder und Technik-Verantwortlichen, sowie für Doris Kunz, unsere Stagehand. Die Beiden bilden mit Ulrike und mir das aktuelle Bühnen-Ensemble des KLÜNGELBEUTEL. In vielen Gesprächen während der Tourneefahrten haben wir gemeinsam Bühnenerfahrungen ausgewertet und Manches so auch inhaltlich weiter entwickelt.

Prof. Ottmar Hörl danke ich für die Bildrechte an seiner Lutherfigur für unser Pressefoto und Ralph Conway für die Aufnahme dieses Fotos.

Bei Torsten Wolber bedanke ich mich für das Titelbild und noch einmal bei Angelika Wuttke fürs Korrekturlesen.

Weiter bedanke ich mich bei Hans Leyendecker für das Vorwort. Dass ein renommierter investigativer Journalist wie er dieses Buch einleitet, ehrt uns als KLÜNGELBEUTEL und freut mich auch für dieses Buch sehr.

Meinem Verleger Winrich C.-W. Clasen danke ich schließlich für die vielen Layoutideen und die gute Zusammenarbeit bei der Erstellung dieses Buches.

Köln-Weiden, im März 2016

Djihad in Wittenberg

Ich bin Hammer (Reformator-Rap)

Martin Luther (rappt zu »Hamma« von Culcha Candela):
  Ich bin Hammer, wie ich mich beweg in mei'm Outfit.
  Hammer! Einzigartig. Unglaublich.
  Hammer! Man weiß, dass ich übertrieben Hammer bin.
  Ja, mich muss man einfach lieben.
  Die ganze Welt guckt zu mir hin
  Weil ich der Reformator bin
  Den Römern auf die Fresse und den Christenleuten Futter.
  Das gibt der Dr. Luther,
  euer Vater, eure Mutter.
  Sie rufen: Ketzer! Und: Kirchenspalter!
  Doch mich macht so was nur noch – durchgeknallter.

Und dann nehm' ich meinen frisch gedruckten
deutschen Psalter
Und rocke euch das Mittelalter!

Chor: *Hammer, wie du dich bewegst in dei'm Outfit.*
Hammer! Einzigartig. Unglaublich.
Hammer! Man weiß, dass du übertrieben Hammer bist.
Ja, dich muss man einfach lieben.
Du bist H – A doppel-M – E – R: Hammer! Yeah!

Martin Luther: *Und ich hab' auch einen Wahnsinns-Ham-*
mer hier: bitte sehr!

Chor: *Damit hämmert er die Thesen an die Tür, das ist*
nicht schwer.

Martin Luther: *Mit dem Hammer, dem H – A – doppel-*
M – E – R.
Hammer, wie ich mich bewegt in mei'm Outfit.
Hammer! Einzigartig. Unglaublich.
Hammer! Man weiß, dass ich übertrieben Hammer bin.
Ja, mich muss man einfach lieben.

Clash of Cultures
Oder: Martin Luther King gegen Teufels Diener

Martin Luther: Martin Luther! *(verbeugt sich)* – Dr. Martin Luther. Mein Hammer! Meine Schlosskirche! Meine Thesen! Oh! – Was ist das denn?! *(nimmt bunte Zettel von der Kirchentür)*

Thesen auf meinen Thesen? Wer hat das denn dahin gehängt?

(liest) Margot Käßmann: »Nichts ist gut in Afghanistan.« Margot Käßmann: nie gehört.

Lukas Podolski – noch so einer: »Wir dürfen jetzt nicht den Sand in den Kopf stecken.« Was ist das denn für ein Quatsch?!

»Jeder nur eine These.« Monty Python – Was? Nur eine These? Von wegen!

»Wir sind das Volk.« Papst Leo. – Papst Leo? Uaah! Der Antichrist! Wie könnt ihr zulassen, dass solches

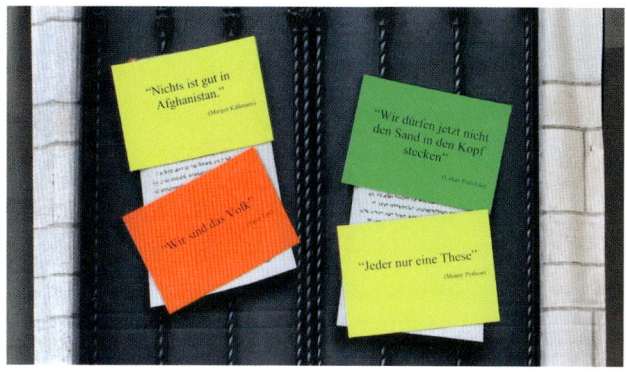

Teufelszeug auf meinen Thesen hängt?! Papst Leo?!
Und ihr guckt die ganze Zeit da drauf und tut nichts?!
Seid ihr überhaupt Christenmenschen?
Okay – wer von euch ist ein Christenmensch? Kön-
nen die bitte alle mal eben aufzeigen?
Ah – doch! Doch! So viele Christen da!
So viele Menschen, die alle meinen Kleinen Katechis-
mus auswendig können – und die jetzt mit mir ge-
meinsam sprechen können, was mich im tiefsten Her-
zen bewegt: *Kleiner Katechismus Dr. Martin Luthers*,
Erklärung zur 7. Bitte im 3. Hauptstück:
»Wir bitten in diesem – …
Also, ich meinte, dass wir das jetzt alle zusammen
sprechen, ja: »Wir bitten in diesem Gebet als in der
Summa…«

Was ist? Warum sprecht ihr nicht mit?

Könnt ihr etwa meinen Kleinen Katechismus nicht?! Das kann doch nicht wahr sein?! Dieses klitzekleine Ding, das ich für das ganz einfache Volk geschrieben habe, Luthers Kleinen Katechismus – den könnt ihr doch! *(geht dabei ins Publikum)*

»Wir bitten in diesem Gebet als in der Summa, dass uns der Vater im Himmel« – Du, sprich jetzt mal weiter: »…dass uns der Vater im Himmel…« Nun komm schon! Denk an Papst Leo: – »… von allerlei Übel…« – Oder du vielleicht? – »… von allerlei Übel an Leib und Seele, Gut und Ehre erlöse und zuletzt, wenn unser Stündlein kommt… – Das ist doch nicht zu fassen! Welch ein Otterngezücht! Sagen, sie sind Christenmenschen – und können nicht mal meinen Kleinen Katechismus!

Aber jeder Dödel aus eurer eingebildeten Moderne furzt seinen geistigen Dünnschiss als neue Thesen in die Welt hinaus und hält sich dabei womöglich noch für den nächsten Reformator, was?! »Afghanistan«, »Sand im Kopf« und sogar was von Papst Leo! – Uaah! Was ist nur aus meiner Reformation geworden?! Gibt es denn bei euch keine wirklich ernsthaft religiösen Menschen mehr? *(Burka-Frau erscheint)*

Menschen, denen es nur um Gott geht und sonst nichts? Und denen es egal ist, wenn die Umwelt sie dafür verachtet?

(sieht die verschleierte Frau) Uaah! Der Leibhaftige?! Satan?! Wo ist mein Tintenfass? *(ab)*

Fatime: Salem aleikum! (rappt)
Ich hab einen Text für euch geschrieben.
Hab Wochen gebraucht, um ihn zu üben.
Und jetzt bin ich damit unterwegs.
Doch schon mein Anblick geht vielen schwer auf den Keks.
Hey! Ich mach Poetry Slam, und ich bin religiös!
Warum macht euch das denn so nervös?
Ich bete und hab trotzdem auch was zu sagen!
Warum ist das für euch denn so schwer zu ertragen?
Ich steh auf der Bühne, damit ihr seht:
Ich bin auch ein Mensch. Aber ihr versteht
das nicht und ruft: Der Islam
soll wieder dahingehen, woher er kam.
Nach Anatolien und –

Apropos Anatolien: Kennen Sie den? Erdbeben in Anatolien: 90.000 Türken sind tot. Frankreich schickt Hilfstruppen, Kanada Lebensmittel, Deutschland: 90.000 lebendige Türken. (Also, ich find den witzig.)

Ich bin geboren im selben Land wie ihr.
Mein Zuhaus ist der Islam, und mein Zuhause ist hier.
Auch wenn der Spruch hier noch viele stört:
Es stimmt, dass der Islam zu Deutschland gehört.
Schnall das doch endlich, auch du, frommer Christ:
Wer an Allah glaubt, der ist kein Terrorist,
der nur Krieg will und –

Apropos Krieg, da habe ich noch einen: Obama und Putin treffen sich zum Vieraugengespräch. Hinterher werden sie gefragt: »Worüber haben Sie sich denn unterhalten?« Sagt Putin: »Wir haben geplant Dritte Weltkrieg.« »Was? Wie stellen Sie sich das denn vor?« »Wir werden töten 40 Millionen Moslems und einen Zahnarzt.« »Wieso denn einen Zahnarzt?« »Siehst du, Obama, ich habe dir gleich gesagt: Nach den Moslems fragt keiner.« Darum:

Wenn ihr mich seht, Leute, lauft nicht gleich weg.
Ich will doch nur ein bisschen Respekt.
Aber überall, wo ich hinkomme,
lästern die Leute: Iiih – guck mal: 'ne Fromme!
Kopftuch ist ja schon schlimm genug.
Aber die ist ja von oben bis unten voll Tuch.

Aber ich sage:
»Ich bin Hammer, wie ich mich beweg' in mei'm Outfit.
Hammer! Einzigartig. Unglaublich…«

Martin Luther *(kommt zurück):* Halt! Hey! Sofort stopp!
Das ist mein Lied!

Fatime: Wie – dein Lied?! Das ist mein Lied! Ich bin religiös und verfolgt. Wenn ich das in der Burka sing,
dann ist das grandios.

Martin Luther: Burka? Ist das dieses schwarze Gewand?

Fatime: Genau, die Burka ziehe ich immer zu meinen
Auftritten an. Wenn ich Poetry Slam mache, iSlam,
wie das bei uns in der Community heißt. Weil der
Rap dann einfach noch besser kommt. Normal sehe
ich natürlich ganz anders aus. *(zieht Burka aus; darunter trägt sie ein Kopftuch)* Siehst du? Aber die Burka
war doch richtig Hammer.

Martin Luther: Aber bei mir ist das alles noch dreimal
mehr Hammer als bei dir! – Weil ich viel verfolgter
bin als du. Und viel religiöser sowieso. *»Ich bin Hammer, wie ich mich beweg in mei'm Outfit. Hammer! Einzigartig. Unglaublich…«*

Fatime: He, halt! Was sagst du da?! Religiöser als ich? Ein
Deutscher, der religiöser ist als ich? Unmöglich.

Martin Luther: Langsam, Mädchen, ja?! Ich bin – Martin Luther!

Fatime: Willst du mich verarschen? Martin Luther King
– das war doch ein Schwarzer.

Martin Luther: Hallo?! – Wer bist'n du überhaupt?

Fatime: Fatime – Muslima und Tochter eines Türken.

Martin Luther: Was? »Tochter eines Türken«?! Der Türke – des Teufels Diener – der Antichrist?! Uaah! – Wo habe ich bloß mein Tintenfass? *(ab)*

Fatime: He? Was ist denn mit dem los? Und überhaupt: Martin Luther, das ist doch nicht sein richtiger Name, oder? Oder hat man den tatsächlich nach dieser Kirche benannt, die da bei uns in Köln in der Südstadt – steht… Oh, Moment: Oder ist das etwa umgekehrt? War das womöglich der, nach dem man diese Kirche benannt hat? »Martin Luther«: Wieso habe ich denn von dem noch nie was gehört? Kann mir vielleicht mal irgendjemand sagen, was ich von dem wissen muss?

Ein deutscher Jeck
(Die Luther-Geschichte als Materialtheater)*

Moderator: Die Evangelische Kirche in Deutschland feiert ja bekanntlich 2017 groß Reformationsjubiläum: 500 Jahre Thesenanschlag Martin Luthers. Aber wenn man die Leute auf der Straße einmal fragt, was da damals eigentlich passiert ist, dann sieht man vor allem Fragezeichen in den Gesichtern. Und das hat ja auch seine Gründe:

Die *Katholiken* im Land wollen das am liebsten vergessen. Die *Atheisten* sagen: Kannste vergessen. Die *Migranten* haben es in der Regel eh noch nie gewusst. Und die *Protestanten* können es inzwischen einfach nicht mehr hören.

Aber vielleicht liegt das alles ja nur daran, dass man den Menschen diese tolle Geschichte noch nie richtig erzählt hat. Und das wollen wir gerne ändern.

Wir nehmen den Bildungsauftrag des Kabaretts ernst. Für unsere innovative Nacherzählung von Luthers reformatorischem Durchbruch unter Einbeziehung der Sozialgeschichte des späten Mittelalters und der frühkapitalistischen Ökonomie brauchen wir:

1 Stuhl
1 Pappnase
1 Saftpresse

---

*   Auch als Video auf www.kluengelbeutel.de.

1 Dose Zitronenbonbons
1 Duschkopf
1 Zitrone
1 Hunderteuroschein
1 Tüte Kamelle und
1 Autoschlüssel

So – und damit kann es jetzt losgehen.
Es spielen mit *(hebt Klappstuhl hoch)*: Der Papst.

Stuhl: Hallo, ich bin der Papst, Papst Leo. Ich bin der
Größte und Wichtigste von allen, weil ich immer so
heilig auf mir selber sitze. Man nennt mich deshalb
auch: »Der Heilige Stuhl«.
Moderator: Dann spielt natürlich mit: Martin Luther.

Nase: Hi, ich bin der Martin.

Moderator: Das ist Martin Luther. Warum sieht Martin Luther wohl so aus wie eine Karnevalsnase?

Stuhl: Das kann ich euch sagen: weil er bekloppt ist. Bei uns in Rom, wo wir alle klug und mächtig und modern sind, da nennen wir den nur: der deutsche Jeck!

Nase *(singt):* »Denn wat die Kirch do määt – nä, mer jläuvt et nit! / Sälvs dä Düüvel kütt do langsam nit mieh mit. / Jo, wat die Kirch do määt – o Mann, mer jläuvt et nit! / Sälvs dä Düüvel kütt do langsam nit mieh mit.«

Stuhl: Was? Was singst du da? – Nein, das höre ich mir nicht an.

Moderator: Jetzt fragen wir uns natürlich: Was war denn so schlimm an der Kirche damals, dass unser Jeck

Martin sich so darüber aufregen muss: »Sälvs dä Düüvel kütt do langsam nit mieh mit«? Die Kirche schlimmer als der Teufel? Und an der Stelle kommt nun Johann Tetzel ins Spiel, der Dominikanermönch mit seinem neuartigen religiösen Geschäftsmodell.

Saftpresse: Hallo, ich bin der Tetzel. Ich bin der tollste Prediger weit und breit. Ich reite durch die Auen und predige den Bauern das neue Evangelium: »Saufe, prügle, hure rum, der Himmel nimmt dir nix mehr krumm« – bei mir dürft ihr nämlich alles. Hauptsache, ihr kauft euch dafür bei mir einen Ablassbrief mit echtem Siegel vom Papst.

Moderator: Ablassbrief? Ja, aber was ist das, ein

Ablassbrief? Nun, das ist ganz einfach: Das hier ist ein Bauer. Bei dem ist gerade der Opa gestorben.

Zitrone: Ooh! Der arme Opa. Der schmort jetzt bestimmt im Fegefeuer. Sag, Tetzel, wie kann ich ihm bloß helfen?

Saftpresse: Ablassbrief! Ablassbrief! »Sobald das Geld im Kasten klingt, Opas Seele in den Himmel springt.«

Zitrone: Was, ich brauche dir nur Geld zu geben, und dann kommt der Opa aus dem Fegefeuer und gleich in den Himmel?

Saftpresse: Jaa-a! *(Nimmt Zitrone und presst)* Fegefeuer – Ablassbrief! Fegefeuer – Ablassbrief!

Zitrone: Ah, jetzt ist der Opa nicht mehr im Fegefeuer …

Saftpresse: Halt, Bauer! Und was ist mit dir selber und mit deinen Sünden?

Zitrone: Ja, stimmt. Ich will ja auch nicht ins Fegefeuer.

Saftpresse: *(Nimmt Zitrone und presst)* Fegefeuer – Ablassbrief! Fegefeuer – Ablassbrief!

Moderator: Ja, und so presste Tetzel, der Dominikanermönch, immer weiter und weiter die Leute aus. Bis er aus dem Saft der Leute eine ganze Dose voll Zitronenbonbons hatte. Und was macht er damit? Nun, die kriegt natürlich jetzt sein Chef.

Und sein Chef, das ist der Erzbischof Albrecht von Brandenburg. Der Albrecht, das ist ein ganz Gelackter, ein blank polierter, ein ganz ein eitler Duschkopf aus einer berühmten Familie von Designer-Badewannen. Und der kriegt nun all die Zitronenbonbons, die

der Tetzel erpresst hat. Das heißt: Eins kriegt auch der kleine Tetzel zurück als Lohn.

Und was macht der eitle Erzbischof mit seinen Bonbons? Nun, zur Hälfte muss er die bei seinem Chef abliefern, dem Papst.

Stuhl: Jaa! Davon baue ich mir in Rom einen neuen Petersdom!

Moderator: Aber den ganzen Rest darf Erzbischof Albrecht behalten. Für ihn also eine ganz tolle Geschichte.

Duschkopf: *(jammert)* Nein.

Moderator: Was denn, bist du nicht zufrieden? Och, du tropfst ja sogar?! Hast du geweint?

Duschkopf: Ja, ich bin ja nur der Erzbischof von Magdeburg.

Moderator: Das ist doch toll!

Duschkopf: Nein, ich will auch noch der Erzbischof von Mainz sein. Dann habe ich zwei Dome und zwei Bischofsresidenzen und kann mir endlich auch eine zweite Designerbadewanne aufstellen.

Stuhl: Halt! Nein, das geht nicht. Das heilige Kirchenrecht verbietet das. Man kann immer nur Erzbischof von einem Dom sein *(Duschkopf besticht Stuhl dann mit Bonbons)* – also, außer wenn vielleicht für meinen Petersdom – dann könnte ich ausnahmsweise noch mal mit dem heiligen Kirchenrecht reden – falls die Spende – nein, aber das reicht noch nicht. – Mainz bleibt erst mal meins.

Duschkopf: Oh! Mehr habe ich aber nicht. Was mache ich denn jetzt?

Moderator: Und an der Stelle kommt nun der Fugger ins Spiel, vom großen und mächtigen Bankhaus Fugger und Fugger in Augsburg.

Hunderteuroschein: Du brauchst Geld? Brauchst du Geld? Soll ich dir was leihen?

Duschkopf: Leih mir Geld, leih mir Geld, leih mir Geld!

Hunderteuroschein: Aber dafür krieg ich – Zinsen. Von jedem ausgepressten Zitronenbonbon kriegt dann der Fugger – Zinsen.

Duschkopf: Das macht nichts. Hauptsache, du gibst mir Geld. Okay, dann rechne ich mal schnell, also: Von den ausgepressten Bauern gibt mir der Tetzel 10 Zitronenbonbons. Davon kriegt 1 der Tetzel zurück als Lohn, 5 kriegt der Papst für den Petersdom und 3 brauche ich für Magdeburg, macht 9. Mit 4 muss ich

den Papst bestechen wegen Mainz, und 2 kriegt der Fugger an Zinsen. Das macht: 9 – 13 – 15. 15?! Oh! Ich brauche 15 Zitronenbonbons, aber ich krieg nur 10? Mist. Tetzel, wir brauchen mehr Ablass!

Saftpresse *(presst schneller)*: Haha! Kein Problem. Fegefeuer – Ablassbrief! Fegefeuer – Ablassbrief!

Nase: Was?! Seid ihr wirklich so verlottert? Das kann doch nicht wahr sein! Was ist nur aus der Kirche geworden?! Ich – schreibe – Thesen. These: Rums! *»Ablassprediger, die da sagen, dass ein Mensch durch Ablässe des Papstes von jeder Strafe gelöst und errettet wird: sie irren.«* Nächste These: Rums! *»Lug und Trug predigen diejenigen, die sagen, die Seele erhebe sich aus dem Fegfeuer, sobald die Münze klingelnd in den Kasten fällt.«*

Moderator: Und so schrieb Martin Luther und schrieb und schrieb. 95 Thesen schrieb er gegen den Ablass und gegen all das, was in der Kirche verkommen war. Und dann nagelte er die Thesen an die Tür der Schlosskirche von Wittenberg. Und rief damit öffentlich alle seine Widersacher zum Disput darüber auf.

Nase: Hey, Tetzel, du alte Zitrusfresse: Ich habe hier 95 Thesen. Sag was!

Saftpresse: Fegefeuer! Fegefeuer!

Nase: Erzbischof Albrecht, du alter Duschkopf. Ich habe hier 95 Thesen. Lass uns reden.

Duschkopf: Badewanne! Badewanne!

Nase: Hey, Papst, die sind in Deutschland alle total bekloppt. Der eine sagt immer nur: Fegefeuer! Fegefeuer! Der andere sagt immer nur: Badewanne! Badewanne! Ich habe hier 95 Thesen. Nimm Stellung!

Stuhl: Petersdom! Petersdom!

Moderator: Und da war bei Martin die Geduld am Ende. Jetzt tat er mutig und unerschrocken das, was Jecke am besten können: Kamelle verteilen. Und alle seine Thesen, die der Papst nicht haben wollte, streute der deutsche Jeck jetzt über dem ganzen deutschen Volk aus:

Nase: Ruckzuck – per Buchdruck.

Thesen! (ta-ta) *(wirft Luther-Bonbon)*

Thesen! (ta-ta)

Thesen! (ta-ta)

Moderator: Das gab natürlich viel Unruhe! Denn auf einmal wollten alle Leute nur noch die Luther-Kamelle essen. Und das blieb natürlich nicht ohne Folgen.

Saftpresse: Hey, wo bleiben meine Zitronen? Wen soll ich denn jetzt noch auspressen?

Duschkopf: Hey, was wird denn jetzt aus meiner Designer-Badewanne?

Stuhl: Hey, was wird denn jetzt aus meinem schönen Petersdom?

Hunderteuroschein: Zinsen, Leute?! Wo bleiben meine Zinsen?!

Alle Drei: Ey, Fugger, wir haben ein Problem!

Hunderteuroschein: Ein Banker kennt keine Probleme. Ein Banker sagt: Hire and fire, klar?

Alle Drei: He???

Hunderteuroschein: Feuer unterm Arsch, ihr Deppen!

Alle Drei: Feuer unterm Arsch? Ah, Scheiterhaufen! Inquisition! Inquisition!

Moderator: Aber da hatten sie die Rechnung ohne den deutschen Jeck gemacht. Denn Luthers Landesherr, Kurfürst Friedrich von Sachsen, hatte seinem Lieblingsketzer Martin gerade eben erst einen brandneuen – Wartburg geschenkt *(schwenkt Autoschlüssel)*. Und damit brauste der deutsche Jeck nun fröhlich singend der Inquisition davon und warf unterwegs aus dem Fenster seines Wartburg auch noch strüßcheweise frisch übersetzte deutsche Bibeln unters Volk. Und damit war – seine Reformation nicht mehr aufzuhalten. Und in ganz Deutschland erklang nun Luthers Lied *(singen)*:

»Ich bin 'ne Protslöffel, Halleluja.
Ich bin d'r erste Protestant un maach Rabatz.
Denn wat die Kirch do määt – nä, mer jläuvt et nit!
Sälvs dä Düüvel kütt do langsam nit mieh mit.
Ja, wat die Kirch do määt – o Mann: mer jläuvt et nit!
Sälvs dä Düüvel kütt do langsam nit mieh mit.«

Mach mal Djihad

(rappt) *Da bin ich wieder: Fatime,*
die rappende Muslima.
Hey, das war ja prima
diese lustige Lektion
in Sachen Reformation.
Oder wusstet ihr das schon?
Aber jetzt ist mit Wittenberg auch erst mal vorbei.
Wir machen jetzt 'ne Reise in die schöne –«

    Genau: in die schöne Türkei.

    Also: Ich bin Fatime, und ich bin Deutsche, aber meine Familie kommt aus der Türkei. Und ich bringe euch jetzt mal ein bisschen Türkisch bei.

Das einfachste türkische Wort ist: *Merhaba*. Das heißt: Hallo. Oder: Guten Tag. Das braucht man ständig.

Und jetzt das Gegenteil: *Güle güle*. Das heißt: Auf Wiedersehen. Braucht man praktisch genauso oft.

Jetzt mal was Schweres: *Şehir temizlik dairesi*. Das heißt: Stadtreinigungsamt. Das ist auch sehr nützlich.

Also jetzt nicht für mich. Wahrscheinlich auch nicht für euch. Aber für meinen Vater war das sehr wichtig. Als der damals aus der Türkei nach Deutschland kam, da war das eines der ersten Worte, die er gelernt hat. Und ich habe euch ein Lied mitgebracht, das davon erzählt. *(singt, auf die Melodie von Tennessee Ernie Fords »Sixteen tons«)*

Als mein Zug in dieses Land kam, war es eisig kalt.
Als erstes haben sie mir eine Schürze umgeschnallt.
Und jetzt leer' ich täglich tausendmal die Tonnen aus.
Der Fahrer ruft: »Mach voran, Ali, ich will nach Haus!«

[Refrain] *Tausend Tonnen Müll, doch du bleibst im Dreck.*
Sieben Münder in der Heimat warten auf deinen Scheck.
Allah, ruf mich nicht, ich bin zum Bleiben verdammt.
Denn meine Seele gehört dem Stadtreinigungsamt.

Als mein Zug in dieses Land kam, hat der Himmel
*   geweint.*
Gerne hätt' ich meine Tränen mit ihm vereint.
Und seine Blitze hätt' ich gern in meiner Hand,
dann fegte ich wie ein Tornado durch dieses Land.

Allah, sagt der Koran, hat den Menschen gemacht.
Als er den Türken schuf, da hat sein Herz gelacht.
Doch würd' er mich heut' sehen, er fing' die Welt neu an:
Denn der Liebling seiner Seele ist ein Abfallmann.

Ja, das war *Şehir temizlik dairesi* – Stadtreinigungsamt.

Jetzt mal was richtig Schweres: *Bizim Tanrı Güçlü bir kale İyi bir savunma ve silah.* Das ist der Text von einem Lied für den Djihad.

Nein, stopp! Keine Angst. Das ist gar nichts Schlimmes.

Djihad – ja, okay, das muss ich erklären. Djihad, das ist in Wirklichkeit gar nicht das, was diese Durchgeknallten vom IS darunter verstehen oder was da bei uns immer in der Zeitung drüber steht: »Heiliger Krieg« oder so was. Nein, »Heiliger Krieg«, das ist ja auch gar nichts Islamisches. Den Heiligen Krieg haben die Christen erfunden. Damals, im Mittelalter, der Papst mit seinen Kreuzzügen. *(nimmt Mikro und rappt wieder)*

»Gott will Jerusalem. Gott will den Sieg.
Gott schickt euch in einen heiligen Krieg.«
Schlimme Hetze,
diese Sätze,
ganz klar.
Doch offenbar
habt ihr vergessen, wer das war,
wer der Urheber ist
von diesem teuflischen Mist.

Nicht Muslime,
Djihadisten,
Islamisten,
es war der oberste der Christen.
Papst Urban, der Lümmel,
der Kreuzzug-Erfinder, schickte die Ritter ins Getümmel
und versprach: »Wer dabei stirbt, kommt sofort in den
      Himmel.«
Zu behaupten, dass Gott so was will,
ist doch schrill!
Töten im Krieg ist nie 'ne heilige Tat.
Nicht im Kreuzzug und nicht im Islamischen Staat.
Und vergesst auch bitte nie, wer diesen Scheiß erfunden hat!
Ich, Fatime, sag lieber: Mach mal Djihad.

Ja, genau: Mach mal Djihad. Denn der »große Djihad«, das ist der spirituelle Kampf auf dem Weg Gottes.
Wörtlich heißt Djihad eigentlich: »sich so sehr anstrengen, wie es einem möglich ist«. Wie im Ramadan. Sich
anstrengen gegen den inneren Schweinehund. Nicht
mehr – aber eben auch nicht weniger.

Djihad heißt: Lass dich nicht kleinmachen von anderen, die dir erzählen, du sollst dich verpissen, weil du zu
doof bist oder zu alt oder 'ne Frau oder so was.

Djihad ist auch, wenn man Mist gebaut hat und muss
dazu stehen und es wieder gerade biegen.

Djihad heißt immer: Sich richtig reinhängen, versteht
ihr? Das ist Religion bei uns. Nicht so ein sanftes Ruhe-
kissen, sondern Kampf, Engagement. – Djihad halt.

So ähnlich, wie der Bundespräsident das damals mal gesagt hat. *(singt)*

Der Bundespräsident rief laut:
Das Land braucht einen Ruck.
Kommt endlich in die Pötte, Deutsche,
sonst mach ich euch Druck.
Ihr lebt doch nicht allein für den Verdauungsapparat.
Macht mal Djihad.

Also »Djihad« hat der Bundespräsident jetzt nicht gesagt. Das war von mir. Aber darum geht es doch: Allah ist mit dir, wenn du aufstehst und dir was zutraust. Und er ist mit dir, wenn du dich wehrst gegen die, die dich klein machen wollen. Sich dagegen wehren, das ist der »große

Djihad«. Man muss eben manchmal auch ein Gotteskrieger sein, um das Gotteskind sein zu können, das man ist.

Lasst euch nichts gefallen!
Ihr seid nicht irgendwer.
Kampf allem, was euch kleinmacht.
Dient ihnen nicht mehr.
Ihr seid Kinder Allahs, der euch frei geschaffen hat.
Macht mal Djihad.

Yeah! Genau. Aber wir waren ja auch noch gar nicht fertig mit dem Lied, das ich euch beibringen wollte: dem türkischen Lied für den Djihad. Ich singe euch das jetzt mal vor (*singt*): *Bizim Tanrı Güçlü bir kale İyi bir savunma ve silah.* Na? Kommt euch die Melodie bekannt vor? Auf Deutsch heißt das Lied ja ursprünglich so:

Ein feste Burg ist unser Gott, / ein gute Wehr und Waffen.
Er hilft uns frei aus aller Not, / die uns jetzt hat betroffen.
Der alt böse Feind / mit Ernst er's jetzt meint;
groß Macht und viel List / sein grausam Rüstung ist,
auf Erd ist nicht seinsgleichen.

Na, wenn das mal kein tolles Djihad-Lied ist! Ich glaube, das werde ich demnächst auch mal in unsere Moschee mitnehmen.

Luther-Support 1: Telefon

Moderator: Martin Luther gilt ja seit Jahrhunderten als einer der größten Deutschen überhaupt. In den einschlägigen Ranglisten der wichtigsten Deutschen aller Zeiten belegt er regelmäßig einen der vordersten Plätze. Von daher verwundert es nicht, daß Martn Luther damit zugleich immer auch so etwas wie eine deutsche Allzweckwaffe war. Einer, den irgendwie jeder gebrauchen konnte, wenn es darum ging, für die eigene Sache auf eine höchste Autorität zu verweisen:

Für seine *Lutherische Kirche* ja schon mal sowieso. Die hat sich ja sogar nach ihm benannt. – Das hatte Martin Luther selber sich zu Lebzeiten zwar immer verbeten, dass die Kirche sich lutherisch nennt: »Wie käme denn ich armer stinkender Madensack dazu, dass man die Kinder Christi mit meinem heillosen Namen sollte nennen?« Aber kaum war der Reformator tot, wollten die Protestanten sich diese Gelegenheit natürlich nicht entgehen lassen, wenigstens seinen weltberühmten Namen ab nun wie eine Reliquie vor sich herzutragen, und das tun sie ja genüsslich bis heute.

Aber mit Luther ließ sich in Deutschland – auch weit über seine Kirche hinaus – immer schon mächtig Staat machen: Für die *Fortschrittlichen* etwa war Martin Luther der Prototyp des selbstbestimmten Individuums, quasi der erste Mensch der Moderne nach dem finsteren Mittelalter. Für die *Patriotischen* war er eher der »deutsche Prophet«, ein Kirchenmann zwar, aber einer, der zutiefst deutsch war und der so zum unverzichtbaren Teil des deutschen Nationalmythos wurde.

Für das *Bildungsbürgertum* war er dank seiner grandiosen Bibelübersetzung das erste deutsche Künstler-Genie in der langen Reihe der Dichter und Denker.

Für die *Liberalen* war er der Pionier der Freiheit des Wortes.

Die *Nazis* priesen seinen Antisemitismus.

Die *SED in der DDR* machte ihn zum »frühbürgerlichen Revolutionär« und damit gleichsam zum Parteigenossen.

Und die deutschen *Muttis* liebten ihn, weil er das Christkind erfunden hatte, das ab nun – anstelle des heiligen Nikolaus – den Kindern die Weihnachtsgeschenke brachte.

Kurzum: Martin Luther war in Deutschland immer schon für alles und jedes zu gebrauchen.

Und da hat sich der Rat der Evangelischen Kirche in Deutschland jetzt gedacht: Da müsste es doch mit dem Tintenfass zugehen, wenn man anlässlich des großen Reformationsjubiläums da nicht noch mal dran anknüpfen könnte.

Und flugs hat die Reformations-Botschafterin Margot Käßmann das LST eingerichtet: das *Luther-Support-Telefon*.

Hier soll jetzt jeder den Luther kriegen, den er heute braucht. (*Telefon klingelt*)

Sehen Sie, da geht es schon los.

Luther-Support 2: Draghi

(*Telefon klingelt*) Luther-Support – das kluge Wort. Was kann ich für Sie tun?

Herr Draghi.

Klar, weiß ich, wer Mario Draghi ist, na, hören Sie! Der oberste Euro-Hüter, vor dem die Devisenmärkte der ganzen Welt in Ehrfurcht –

Ach, tasächlich? Sie wollen evangelisch werden?!

Doch, ich denke, das lässt sich machen. Aber hören Sie, Herr Draghi, wären Sie eventuell auch bereit, das Ganze noch ein klein wenig aufzuschieben? Dann könnten wir Ihren Übertritt live vor laufenden Kameras am 31. Oktober 2017 direkt vor dem Luther-Haus in Wittenberg –

Es eilt.

Die Euro-Krise.

Ja, doch, kann ich verstehen, Herr Draghi. Das ist auch kein Problem. Frau Käßmann bietet für Promi-Übertreter sowieso gleich nächste Woche extra einen »Crash-Kurs Evangelisch« an. Da ist schon Monsieur Hollande angemeldet und die komplette griechische Regierung.

Nein, die Griechen mussten. War eine Auflage von Angela Merkel.

Also »bewiesen« – okay, bewiesen in dem Sinne jetzt noch nicht. Aber ich meine, irgendwo muss das ja herkommen, dass die Holländer, die Deutschen und die Skandinavier, sprich: die Protestanten, alle mit dem Euro umgehen können, während die ganzen Katholiken: Italiener, Spanier, Portugiesen und erst recht natürlich die Orthodoxen: Griechen, Bulgaren, Rumänen –

Nein, das wird dann da gleich vollzogen. Ein Nachmittag in den Händen von Margot Käßmann, und Sie sind protestantisch.

Und finanziell saniert, natürlich.

Bitte schön, Herr Draghi, willkommen im Club.

Der Mann mit dem Koffer

Salafist *(kommt rein, mit großer Kiste, spricht zu sich)*: Ey, Mann, jetzt nur noch die paar Drähte hier, und dann ist fertig. Was steht da *(liest)*: »Verbinde gleiche Farbe«. – Ah, mach ich rot auf rot. Und schwarz auf schwarz. Was's das, Mann, Scheiße: Hab ich noch grün. Aber nur ein grün? Was mach ich grün, ey? Ah *(liest)*. »Grün: Verbinde Phase mit Erde«. – Phase mit Erde. Wie: Phase mit Erde? Was mach ich grün, ey? Ey, Mann, scheißschwer Djihad! Ey, Mann, richtig Djihad ist scheißschwer, weiß, wie ich mein? Nicht wie diese doofe Tusse da gerade. Diese Fatime-Tusse: Mach mal Djihad, Großer Djihad, Ohne-Krieg-Djihad. Djihad ist nix für Weiber, ey. Richtig Djihad ist scheißschwer. Ah! Mach ich grün auf schwarz, ey. Schwarz ist bestimmt Erde. *(Pause)* Hier: schlau, ne? Hab ich draufgeschrieben: »Koffer«. Und wenn der »Koffer« mit euch Ungläubigen fertig ist, dann kann euch euer Dings auch nicht mehr helfen, euer – wie heißt der noch, der mit dem Kreuz da, dieser – Jesus, Jesus Christus. *(Donner. Der Deckel der Kiste fliegt hoch und Jesus erscheint als Handpuppe aus der Kofferkiste.)*

Jesus: Da bin ich. Was ist? Du hast mich gerufen?

Salafist: He? Wer bist'n du?

Jesus: Du hast mich doch gerade laut gerufen. Und schon bin ich dir erschienen. Übrigens *(guckt auf die Kiste)*: Du hast die Drähte falsch.

Salafist: Was?

Jesus: Da in der Kiste: die Drähte, du Blindschleiche. Wenn du das so lässt, dann wirst du damit höchstens im Kölner Dom-Hotel die Klospülung auslösen.

Salafist: Echt? Muss ich doch nicht grün auf schwarz, ey? Mann, nu sag schon!

Jesus: Ich soll ich dir von unserem Papa was bestellen: Er hat dich ganz doll lieb. Aber den Scheiß mit der Bombe sollst du sofort sein lassen.

Salafist: Was, ey, seinlassen?! Ey, Mann, ich bin Salafist, ey! Das ist doch meine heilige Pflicht, dass ich Djihad mache. Dass ich kämpfe für die Ehre des Einen Gottes.

Jesus: Ja, ja: Kämpfen für Gott finden wir da oben alle gut. Aber Bombe finden wir alle nicht gut. Spruch des Herrn. Und – pst pst *(winkt ihn zu sich)*. Noch ein persönlicher Tipp von mir: Liebe deinen Nächsten wie dich selbst.

Salafist: Was, ey? Nächstenliebe? Ey, Mann, das ist doch Christen-Scheiß. Ah! Jetzt weiß ich auch, wer du bist. Du bist der Jesus. Boaah, ey! – An dich glaube ich aber gar nicht, du Opfer. Und jetzt hau ab, ey, Jesus. Du stehst voll in meiner Bombe.

Jesus: Ich steh voll in deinem Koran, du Dumpfdödel!

Salafist: He? Du – in meinem Koran?

Jesus: Ich bin Isa! Jesus! Isa Ben Maryam! Der zweithöchste Prophet des Islam!

Salafist: Isa? – Ach, so, ja, Scheiße, Mann *(schlägt sich an den Kopf)*. Stimmt, ey.

Jesus *(stöhnt und schaut gen Himmel)*: Papa, bitte hol mich hier raus! Schick ihm den großen Bruder. Soll der mit ihm fertig werden. *(Donner. Jesus-Puppe verschwindet)*

Salafist: Bruder? Was denn für'n Bruder? Moslembruder oder was, ey? *(Puppe kommt mit Kippa und Schläfenlocken als Mose-Puppe wieder hoch.)*

Mose *(spricht mit bedrohlicher Stimme)*: Da bin ich: der große Bruder.

Salafist: He? Jesus, du schon wieder?

Mose: Ich bin Mose, Musa, der große Bruder! Ich soll hier ein sehr verlorenes Schaf auf den Weg der Erkenntnis zurückbringen bringen! Wo ist es? Ah – ich seh schon.

Salafist: Musa? *(schlägt sich an Kopf)* – Scheiße, Mann, der steht ja auch im Koran! *(wiegt sich vor und zurück, berührt sich an Stirn, Mund und Herz und sagt auf)* Musa, den wir preisen mit dem Beinamen: Kalim

Allah, »der mit dem Höchsten spricht«! 137-mal steht dein Name im Koran, häufiger als der Name jedes anderen Sterblichen unter der Sonne des Allerbarmers. Musa, großer Musa: Was verkündet mir der himmlische Ratschluss aus deinem gesegneten Mund?

Mose *(guckt auf die Kiste):* Erstens: Du hast die Drähte falsch.

Salafist: Ja, ich weiß, Mann, bring ich gleich sofort in Ordnung, ey.

Mose: Zweitens: Lass den Bombenscheiß sein und mach endlich die Hauptschule fertig!

Salafist: Was, ey? Hauptschule? Ey, Mann, was bildst' dir ein, ey, Musa? Schule – das is ja wohl mein Privatfuck, ey! Das geht den Himmel 'n Scheißdreck an. Und überhaupt gerade du, ey, du zubbeliger Wüstensohn: Hast du Hauptschule? – Na, also!

Mose *(zieht Salafisten an seinem Bart zu sich):* Jetzt pass mal auf, du: Wenn du das immer noch nicht raffst: Wir haben da oben noch einen Bruder. Papa, schick

ihm jetzt – Mohammed! *(Donner. Puppe verschwindet)*

Salafist: Was, ey? Mohammed? – Der Prophet?! Oh, nein, bitte nicht! Bitte nicht Mohammed schicken! Den darf doch keiner angucken! *(Puppe kommt mit über-gestülptem Karton als Mohammed-Puppe wieder hoch.)*

Salafist *(kniet, guckt ängstlich in andere Richtung, die Hand vor den Augen)***:** Sei willkommen, du, mein Ge-bieter, du, der eine, der letzte, der große Prophet Al-lahs, gepriesen sei sein Name. Du, von dem keiner ein Bild machen darf! Du, von dem es keine Karikatur geben darf! Du, den keiner niemals nicht angucken darf! *(guckt vorsichtig und entdeckt den Karton über dem Kopf)* Ey, Mann! Das ist ja mal 'ne coole Idee!

Mohammed *(spricht ihn mit leicht Karton-gedämpfter Stimme an)***:** Genau! – Und wie lautet die Botschaft, die dir Papa durch meinen Bruder Isa und meinen Bruder Musa überbracht hat?

Salafist: Ja, ich weiß, ich hab die Drähte falsch. Bringe ich gleich sofort in Ordnung.

Mohammed: Das war aber noch nicht die ganze Botschaft.

Salafist: Ja, okay, fuck, ey, geh ich Montag wieder Hauptschule.

Mohammed: Da fehlt immer noch was.

Salafist: Was, ey?! Jetzt komm du mir nicht auch noch mit Bombe-sein-lassen! So'n Scheiß, ey. Mann, Mohammed, ich dachte immer, du und ich – wir sind auf derselben Seite.

Mohammed: Keine Widerrede!

Salafist: Ey, Mann, das ist doch der einzige Spaß, den man noch so hat als Islamist. Weißt du, wie öde das ist, den ganzen Tag als Salafist rumlaufen?

Mohammed: Weißt du, wie öde das ist, den ganzen Tag mit so'm Karton rumlaufen?! – Du bist ein ganz harter Brocken, was?

Salafist: Ja, genau! Ich bin ein ganz harter Brocken! Hat meine Klassenlehrerin auch immer gesagt!

Mohammed *(schaut nach oben)*: Papa, ich glaube, wir Brüder schaffen das hier unten nicht mit diesem Knallkopp. Schick ihm jetzt das Härteste, was wir haben. Schick – die Schwester! *(Donner. Mohammed-Puppe verschwindet)*

Salafist: Ja! Schick die Schwester! – He? Was denn für 'ne Schwester, ey? *(Puppe kommt mit gelösten Haaren als Conchita Wurst-Puppe wieder hoch und singt dazu)*

Conchita *(singt):* »… From the fading light I fly: Rise like a Phoenix«. *(spricht mit leicht tuntiger Stimme)* Hi, ich bin Schwester Conchita, die schönste Wurst der Welt.

Ich bin auf dem Weg zu einem ganz harten Brocken, der bekehrt werden will.

Salafist: He? Du bist die Schwester?! 'ne Schwester mit Zubbelbart, ey?

Conchita: Ja, genau. Ich steh übrigens auch auf Zubbelbart. *(krault in Bart des Salafisten)*

Salafist: Uaah! Geh weg, ey *(drückt ihn von sich)*

Conchita: Nein! Ich geh nie wieder weg von dir! *(springt ihm um den Hals)*

Salafist: O nein, bitte, lass mich! Bitte! Ich tu alles, was du willst, ey! Alles!

Conchita: Wirklich alles?

Salafist: Ja.

Conchita: Auch das, was du immer nicht wolltest: den Bombenscheiß sein lassen?

Salafist: Ja.

Conchita: Versprochen?

Salafist: Ja! Wallah – ich schwör! Aber du musst weg-gehen!

Conchita *(springt von ihm weg zurück zu Kiste)*: Haha! Jetzt haben es alle gehört: Er hat Ja gesagt und »Wallah – ich schwör«! *(schaut nach oben)* Na, Papa, wer hat den Job mal wieder vollbracht: natürlich die Schwester! »I rise like a Phoenix, out of the ashes…« *(verschwindet unter Pult)*

Salafist (macht Drähte auseinander): Ja, okay, okay, Mann. Ich hab's gerafft, ey. *(schlägt sich an Kopf)* Dann gehe ich eben Montag wieder Hauptschule.

Luther-Support 3: Abdallah

(*Telefon klingelt*) Luther-Support – das kluge Wort. »Hast du Sorgen, hast du Ärger – frag mal schnell den Wittenberger!«

Herr Abdallah.

Emir Abdallah, ja. Was kann ich für Sie tun?

Wie bitte? Was sammeln Sie: religiöse Wallfahrtsstätten?!

Nein, Herr Emir Abdallah, nein, die Wittenberger Schlosskirche können Sie definitiv nicht kaufen. Die ist unverkäuflich. Zumindest bis zum 31. Oktober 2017.

Was? Sie haben die schon gekauft?! – Aber die stand doch bis letzten Sonntag noch mitten in Wittenberg, wo –

Steht jetzt in Medina.

Direkt neben der Grotte von Lourdes. Okay, Herr Abdallah, und warum genau rufen Sie jetzt hier an?

Sie wollen sich beschweren.

Übern Tisch gezogen, sagen Sie? Vom Land Brandenburg? Aha, und wieso jetzt das?

In der Schlosskirche waren noch Leute drin? Also, das kann gar nicht, Herr Abdallah. In evangelischen Kirchen sind normal nie Leute drin.

Weit über 70 Frauen?

Drei Über-70-Frauen? Ach, so: Drei Frauen über 70!

Ah, jetzt verstehe ich: Dann haben Sie aus Versehen die *Wittenberger Frauenhilfe* mitgekauft.

Nein, Harem, nein, da haben Sie recht: Ein Harem ist für die *Wittenberger Frauenhilfe* nicht der richtige Ort.

Umtauschen?

Umtauschen! – Ja! – Was halten Sie denn von folgendem Angebot: Sie geben die Schlosskirche samt Frauenhilfe wieder zurück, und Sie bekommen dafür vom Land Brandenburg eine noch viel größere Wallfahrtsstätte.

Doch, habe ich im Angebot: eine Pilgerstätte der Extraklasse, wo zur Zeit die Crème der Architekten, Ingenieure und Politiker unseres Landes ihre Gebete verrichten: den neuen Berliner Großflughafen.

Und eine These kriegen Sie von mir noch gratis dazu.

Doch, die ist auch voll religiös, die These. Sie lautet: In zehn Jahren ist das Ding fertig.

Gern geschehen, Herr Abdallah. Salem aleikum.

Woelki

oder: Finale Ökumene

(*Singt, auf die Melodie von Reinhard Mey, »Über den Wolken«*) »Über den Woelki / Kann man bisher nichts Schlechtes erzählen …«

Wissen Sie, wer das gesungen hat? Die Stunksitzung hat das über mich gesungen. Ist das nicht toll?! Die Kölner Stunksitzung! Singt ein solches Lied über mich, den neuen Kölner Kardinal! Was haben die nicht alles an Dreck auf meinen armen Vorgänger Joachim Meisner geworfen?!

Aber über mich singen sie so ein Lied:

»Über den Woelki / Kann man bisher nichts Schlechtes erzählen …«

Ich habe mir überlegt: Demnächst werde ich da selber auch mal hingehen, zu dieser Stunksitzung.

Und ich bin mir sicher: Wenn ich dann da gesessen habe, drei Stunden lang, immer im Fokus der Fernsehkameras, mit einer roten Nase im Gesicht, und zu den Scherzen auf der Bühne ein wenig barmherzig mitlache – danach ist das Thema Stunksitzung als Problemthema für unser Erzbistum erledigt.

Ja, nun, alte katholische Weisheit: Kannst du deinen Gegner nicht eliminieren, lächele ihn in Grund und Boden.

Das hat unsere Kirche in ihren besten Zeiten immer beherzigt. Denn es gibt nun mal auf lange Sicht nichts Effektiveres, als seine Feinde zu lieben.

Bis sie genau daran gestorben sind.

Im Blick auf die Liebe ist Mutter Kirche ein wenig wie diese Spinnenweibchen, wissen Sie. Diese Spinnenweibchen, die sich erst von den Männchen begatten lassen, und dann, gleich nach dem Liebesakt – fressen sie sie auf.

Großartig!

Und mit der Potenz und den Proteinen des verspeisten Männchens sind sie dann hinterher noch stärker als vorher.

Bei Franz von Assisi vor 800 Jahren hat unsere Kirche das zum ersten Mal im großen Stil ausprobiert. Und es hat funktioniert!

Denn der, den wir heute als den heiligen Franz von Assisi verehren – der war ja erst mal auch nur einer dieser vielen mittelalterlichen Reform-Krakeeler: »Die Kirche ist zu reich, die Kirche hat Gott vergessen, die Kirche hat die Armen vergessen« – kennt man ja.

Normalerweise antwortet Mutter Kirche darauf mit dem klassischen katholischen Dreiklang: Ketzer – Folter – Scheiterhaufen. Allerdings in der Regel mit der unangenehmen Folge, dass man mit den Anhängern des Hingerichteten hinterher noch mehr Ärger hat als mit dem Ketzer selber.

Bei Franz von Assisi haben wir dann erstmals die neue Methode ausprobiert, den »Liebes-Kuss der Spinne«: Wir haben diesem Franz und seinen Schreihälsen einfach einen eigenen Orden spendiert, die »Franziskaner«. Und dann haben wir ihn selbst noch heiliggesprochen. Und jetzt haben die da ihre gut katholische Nische, wo sie weiter ihrem Hobby nachgehen können, und wir haben – statt einer weiteren Ketzerkirche am Bein – unsere Ruhe.

Ich nehme an, es sind auch Protestanten im Publikum. Stellt euch doch bitte mal vor, liebe Protestanten: Vor 500 Jahren, als euer Luther hier herumkrakeelte wie seinerzeit dieser Franz – stellt euch doch einfach mal vor, damals hätten dem Luther auf dem Papstthron nicht diese geistlosen Renaissance-Fürsten gegenüber gestanden, diese Luschen Alexander und Leo, sondern – sagen wir mal: einer vom Kaliber unseres jetzigen Papstes.

Ich bin sicher, der »Kuss der Spinnenkirche« hätte auch euren Martin über kurz oder lang erwischt – und verspeist. Und ihr wärt heute auch alle brave Nischen-Katholiken.

Aber was nicht ist – kann ja noch werden.

Ich habe da nämlich gerade aktuell ein paar Sachen gehört aus dem Vatikan im Blick auf das Reformationsjubiläum 2017.

Also, liebe Protestanten: Ich habe da jetzt zwei Nachrichten für euch – eine gute und eine schlechte.

Zuerst die gute: Papst Franziskus wird tatsächlich 2017 zum Reformationsjubiläum nach Wittenberg fahren.

Und jetzt die schlechte: In dem großen ökumenischen Gottesdienst dort wird er vor aller Welt verkünden: die Heiligsprechung von Martin Luther.

Ja. Und ab da ist er dann wieder einer von uns.

Und wir können auch ihn anrufen – mit all den vielen anderen Heiligen unserer großen Allerheiligen-Litanei: (*psalmodiert:*) »Heiliger Martin von Wittenberg, bitte für uns.«

Einige von Ihnen werden jetzt vielleicht denken: Wie ist denn so was möglich? Wie kann denn einer wie Martin Luther mal so eben heiliggesprochen werden? Muss da nicht wenigstens der unbezweifelbare Nachweis eines richtigen Wunders vorliegen?

Aber ich bitte Sie: Das mit dem Wunder ist bei Martin Luther doch nun wirklich ganz einfach. Denn er hat etwas geschafft, was jahrhundertelang als völlig unmöglich galt: Er hat die katholische Kirche von Grund auf reformiert.

Okay, noch nicht sofort. Das hat schon ein paar hundert Jahre gedauert, und manches ist auch erst aktuell noch in der Mache bei Papst Franziskus. Aber auf lange Sicht hat sich die katholische Kirche schon in genau dem

Sinne reformiert, den Martin Luther gefordert hat, und inzwischen sind so gut wie alle seine Reformforderungen bei uns angekommen und werden …

Das glauben Sie nicht? Bitte, wir können das gerne mal zusammen durchgehen:

Das große theologische Streitthema der Reformation, der Ablass, die Lehre von der Rechtfertigung des Sünders allein aus Gnaden: von uns längst unterschrieben und anerkannt:

(*psalmodiert*) Das »Allein durch den Glauben–Allein durch die Gnade–Allein Christus« – haben wir auch. (*Glöckchen hoch und bimmeln*)

(*psalmodiert*) Die Bibel als Richtschnur des Glaubens, übersetzt für jedes Volk in seiner Sprache – haben wir auch. (*Glöckchen*) (*psalmodiert*) Den Kelch des Heils nicht nur für den Priester, sondern auch für das ganze Gottesvolk, wie von Luther gefordert, – haben wir auch. (*Glöckchen*)

(*psalmodiert*) Einen Gottesdienst, den jeder versteht statt auf Latein, eine Gemeinde, die mitwirkt, im »Priestertum aller Gläubigen«, ein Gesangbuch, in dem jetzt auch die Lieder von Martin Luther stehen – haben wir auch. (*Glöckchen*)

(*psalmodiert*) Eine liturgische Kleiderordnung, wo der diensthabende Priester sich einzig mit einem langweiligen weißen Lappen schmückt – wollen wir nicht. (*kein Glöckchen*)

Aber ansonsten sagt die heilige katholische Kirche jetzt in demütiger Dankbarkeit: (*psalmodiert*) Heiliger Martin von Wittenberg – wir danken dir. (*Glöckchen*)

Ach, das habe ich Ihnen ja noch gar nicht gezeigt: diese neuen Andachtsbildchen mit Martin Luther als Heiligem: ganz frisch gedruckt.

So richtig offiziell kommen diese Bildchen erst 2017 raus, wenn der Papst sie bei seinem Besuch in Wittenberg aus seinem Helikopter auf die 300.000 Protestanten dort auf der Festwiese herunterregnen lässt. Aber ich gebe schon mal ein paar durch die Reihen. Sie dürfen sie auch gerne schon küssen. Denn geweiht sind sie schon.

Ja, und dann – dann war's das auch mit euch, liebe Protestanten.

Denn dann wird es endgültig keinen Grund mehr geben für so etwas wie eine eigene evangelische Kirche.

Und Martin Luther bekommt ein neues Zuhause.

Hl. Martin von Wittenberg, bitte für uns!

(Singt auf die Melodie von Udo Jürgens' »Es wird Nacht, Senorita«)

1. Es wird Nacht, Martin Luther,
Und du brauchst ein Quartier.
Komm in mein Gotteshäuschen.
Ich will gar nichts von dir.

Bisschen Bibel vielleicht,
Wir sind müd vom Lateine.
Und mit deinem Talent
Machst du uns noch mal Beine

Rálalalalá lalálalalalá lalálalalalá lalá.
Rálalalalá lalálalalalá lalálalalalá lalá.

2. Es wird Nacht, Martin Luther,
Sei nicht töricht zu mir.
Komm zu mir in mein Papsttum.
Ich will gar nichts von dir.

Paar Reförmchen vielleicht.
Wir sind blass beim Regieren.
Bisschen Demokratie
Könn'n wir ja mal probieren.

Rálalalalá …

3. Es wird Nacht, Martin
    Luther,
Nimm nun Wohnung bei mir.
Komm zu mir in mein
    Dömchen.
Ich will gar nichts von dir.

Deine Knochen vielleicht
Für meine Reliquiare.
Dann gehörst du ganz uns
die nächsten 500 Jahre.

Rálalalalá …

Anmerkung: *Beachten Sie bitte auch das diesem Buch bei-gelegte, von Joschi Vogel entworfene* Lesezeichen *mit dem heiligen Martin von Wittenberg. Es ist – wie die Andachts-bildchen – ebenfalls bereits geweiht und daher liturgisch so-fort gebrauchsfähig.*

Protestantismus gravis Wittenbergensis

(Frau setzt sich, blättert in »Apotheken-Umschau, guckt ins Publikum) Warten Sie auch?

Sie alle? – Na, das kann ja dauern…

Ich weiß ja nicht, weswegen Sie hier sind. Bei mir ist es – also ich habe – ich habe – Protestantismus.

Ja, da gucken Sie! – Als mein Hausarzt die Befunde ausgewertet hat, da hat er auch so geguckt wie Sie jetzt.

»Oh, oh!«, hat er gesagt. »Das sieht mir aber ganz nach einem ausgewachsenen Protestantismus aus. Das hatte ich schon lange nicht mehr. Dass es das überhaupt noch gibt. In meiner Praxis kann ich das gar nicht behandeln. Da müssen Sie zum Spezialisten.«

Ja, und am Ende habe ich die Überweisung gekriegt. Ins Kabarett.

Nein, keine Angst, Protestantismus, das ist nicht ansteckend. Früher mal, ja, bei dem Luther und so. Aber jetzt schon lange nicht mehr.

Und Sie? Sie haben ja bis jetzt noch gar nichts gesagt! Sie müssen doch auch alle irgendwas haben, dass Sie jetzt hier sitzen. Aber Sie sagen nix? Haben Sie alle Buddhismus, dass Sie nix sagen?

Ich meine, Sie müssen ja nicht gleich so viel reden wie ich. Bei mir ist das ja auch ein Teil meines Krankheitsbildes, dass ich immer reden muss. Selbst noch im Wartezimmer, vor wildfremden Leuten: Immer muss ich reden. Aber Protestantismus ist leider immer auch mit diesem üblen verbalen Ausfluss verbunden. So sechs- bis sieben-

tausend Worte sind das schon, die da jeden Tag so – aus mir rausfließen.

Ich hoffe, das ekelt Sie jetzt nicht allzu sehr.

Apropos, was habe ich da eben gelesen (*blättert*): Ist hier auch jemand, der Sozialdemokratie hat? Tatsächlich: Keiner. –

Das steht hier nämlich auch, in der *Apotheken-Umschau*: »Sozialdemokratie: Vor 50 Jahren noch wie eine Seuche. Seit der Entdeckung des Agenda-Serums 2010 nur noch kleine Routine für den Hausarzt.« Warum habe ich nicht so was Harmloses wie Sozialdemokratie?

Protestantismus!

Zumal – bei mir ist das ja auch schon chronisch. Akuter Protestantismus, das ist ja an sich gar nicht so schlimm. Das haben viele mal. Das ist im Grunde wie so ein Schnupfen.

Die Meisten kriegen das so um Weihnachten rum. Da grassiert das so richtig. Aber dann gehen die damit einmal in die Kirche, und danach ist das auch wieder weg. Komplett ausgeheilt.

Und anschließend hat das Immunsystem so viele Antikörper gebildet, dass die danach das ganze Jahr Ruhe haben. Die können sich dann ohne Probleme eine halbe Stunde lang den Pastor anhören, wenn er ihre Oma beerdigt – und es macht ihnen nichts. Immun!

Der Sarg ist noch nicht ganz unter der Erde, da können die schon wieder twittern, simsen, ihre Mails checken. Wie ganz normale Menschen halt.

Nur ich nicht.

Ich hab das chronisch: *Protestantismus gravis Wittenbergensis.*

Das Kabarett ist im Grunde meine letzte Hoffnung.

Was hat man nicht schon alles ausprobiert mit mir!

Als Erstes wollten sie mir zwölf Wochen Isolation verpassen. Völlig abgesperrt von allem. Als hätte ich Ebola. Nur ich mit mir allein. Da habe ich zu denen gesagt: Wollt ihr mich verarschen? Ich hab Protestantismus! Wenn ich Isolation will, dann geh ich bei uns in die Kirche!

Dann hat man mich in eine Burnout-Klinik überwiesen. He? habe ich gleich wieder gedacht. Burnout-Klinik? Aber als ich dann da war, habe ich begriffen, wieso. In der Burnout-Klinik waren nämlich jede Menge Geistliche.

Wussten Sie das? Es gibt heute kaum noch Pfarrerinnen oder Pfarrer, die nicht schon mal in einer Burnout-Klinik waren. Oder zumindest auf der Warteliste stehen.

Und wer ist schuld daran? Der Erfinder der protestantischen Krankheit *himself*: Martin Luther. Wenn nämlich der Martin Luther den Beruf nicht erfunden hätte. Ja, der hat den Beruf erfunden: das deutsche Wort und ebenso das, was es bedeutet.

Bis dahin hatten nämlich nur die Mönche einen »Beruf«, sprich: eine »Berufung« von Gott für das, was sie so taten. Und all die anderen haben sich recht und schlecht durch ihr belangloses Tagewerk gestümpert, um sich dann abends mit Biersuppe den Tag schön zu trinken – und gut war.

Aber dann kam der Luther und hat gesagt: Nee, nee, nicht nur die Mönche – jeder Mensch hat einen »Beruf«.

Jeder Mensch soll sich in seiner Arbeit verwirklichen, mit heiligem Ernst.

Ja, klingt erst mal toll und demokratisch. Aber faktisch führte die Entwicklung von da geradewegs weiter durch die Jahrhunderte – bis in die Burnout-Klinik.

Und heute sind wir alle eine »erschöpfte Gesellschaft«. Das ganze Abendland eine erschöpfte Gesellschaft.

Aber ist ja auch logisch: Wenn wir eine ausgeruhte Gesellschaft sein wollten, müssten wir uns ja auch »Morgenland« nennen. »Morgenland«, das Wort ist übrigens auch von Luther.

Und dann natürlich noch die Psychiatrie. Klar, in der Psychiatrie war ich auch schon. Wegen der Abspalteritis. Die ernsthaft erkrankten Protestanten haben das ja fast alle. Die müssen sich immer von irgendwas abspalten: von anderen Kirchen oder von dogmatischen Lehren oder von politischen Meinungen oder sogar von sich selbst. Ja, sogar von sich selbst müssen Protestanten sich abspalten.

Schizoprotestantophrenie – das Wort habe ich mir gemerkt: Schizoprotestantophrenie. Mein schizoprotestantophrenisches Ich – das waren fünf!

Ja, doch. Ich sag das ganz offen: Vor der Psychiatrie war ich fünf!

Ich war Feministin, Buchhalter, Missionarin, Herzensgebet-Lehrerin und Sozialarbeiter.

Alles gleichzeitig.

Wenn ich aufs Klo gehen wollte, dann musste ich immer erst einen Prioritätenausschuss mit mir selber bilden, um zu entscheiden:

ob ich als echte Feministin nicht aufs Männerklo gehen sollte,

ob ich vor dem Pinkeln nicht besser erst noch die Welt retten müsste

oder ob ich vor dem Pinkeln und dem Welt-Retten nicht zuallererst noch mein Leben dem Herrn Jesus übergeben müsste – was ich zwar schon 17-mal gemacht habe, aber vielleicht immer noch nicht richtig und wirklich von Herzen.

Uaah! Protestantismus: Das ist so eklig!

Man kann das irgendwann ja auch gar nicht mehr verbergen vor den Leuten.

Nicht nur das viele Reden, auch die ganze Körperhaltung: Am ekligsten finde ich ja das mit den Händen: dass man immer mahnen muss. (*rechter Zeigefinger hebt sich wie von selbst*) Man weiß manchmal gar nicht, warum, aber: (*rechter Zeigefinger schnellt hoch*) zack – geht der Zeigefinger hoch und man muss mahnen. Man steht am Büffet, will sich ein Mettbrötchen nehmen: (*rechter Zeigefinger schnellt hoch*) zack – muss man erst mal mahnen. Dann versucht man es mit der anderen Hand: (*linker Zeigefinger schnellt hoch*) zack – muss man sich auch noch empören.

Das ist Mahnen. (*rechter Zeigefinger hoch*)

Das ist Empören. (*linker Zeigefinger hoch*)

Und man kriegt wieder nix zu essen.

Oder auch diese steifen Knie. (*stakst steifbeinig*) Das ist ja auch ganz wichtig, dass man die Knie auf gar keinen Fall beugt als Protestant. Hinknien, total tabu. Immer: Hier stehe ich. Ich kann nicht anders. – »Häretischer Imperativ«, sagt der Neurologe dazu. Häretischer Imperativ. Immer: Hier stehe ich!

Aber davon wird man irgendwann so starr!

Und dann sackt der Kopf auch noch immer so nach vorne, weil – da ist ja so unglaublich viel, für das man verantwortlich ist als Protestant und was man wieder alles nicht richtig gemacht hat.

Und dazu dann die steifen Knie. (*stakst steifbeinig*)

Und das Mahnen. (*rechter Zeigefinger hoch*)

Und das Empören. (*linker Zeigefinger hoch*)

Ja, und als mein Hausarzt mich so gesehen hat, da hat er gesagt: »Oh, oh – jetzt aber ganz schnell ab ins Kabarett!«

Luther-Support 4: Kevin

(*Telefon klingelt*) Luther-Support – das kluge Wort. Ja, hallo, Kevin. Na, rufst du für deine Mama an?

Für dich selber! Toll, Kevin, du kannst ja schon richtig telefonieren. Wie alt bist du denn, mh?

Vier Jahre. Und wofür brauchst du Luther-Support?

Ah, ihr schreibt einen Test. – Moment: Einen Test? In der Kita? Vierjährige?

Evangelische Kindertagesstätte, ach so.

Okay, und was ist das für ein Test?

Ein Luther-Test.

Oh, Margot Käßmann kommt morgen zu euch in die Kita, und da soll jeder drei Luther-Fragen beantworten können. – Ja, dann lass mal hören.

Erste Frage: Was hat Luther auf der Wartburg gemacht. Und? Weißt du's?

»*Luther hat Täubchen und Calamaris gegessen*«. – J-ja, Kevin, fast richtig. Ich würde es für Frau Käßmann nur noch ein kleines Bisschen umformulieren. Pass auf: statt »*gegessen*« schreibst du »*geworfen*«, statt »*Täubchen*« schreibst du »*Teufel*« und statt »*Calamaris*«: »*Tintenfisch*«. Äh, Quatsch: »*Tintenfass*«, ja? Hast du das? »*Luther hat nach dem Teufel mit dem Tintenfass geworfen.*«

Ja, ich weiß, das ist Korinthenkackerei, aber du willst ja den Test bestehen.– Zweite Frage?

Was hat Luther 1521 auf dem Reichstag in Worms gemacht? – Huih, die Frau Käßmann stellt euch aber auch Fragen. Und – was hast du geschrieben?

»*Luther wollte in die Disco von Franz Beckenbauer.*« Ja, super, Kevin! Was du alles schon weißt! Ich würde es nur ein Bisschen anders ausdrücken, dann klingt deine Antwort noch richtiger. Schreib: »*Luther musste vor dem Kaiser antanzen.*« – Und die letzte Frage?

Welchen Luther-Satz findest du am besten? – Na, das ist ja jetzt ganz einfach. Da kann man ja im Grunde nichts falsch machen. Und?

Ups! – Ja, doch, ich finde das auch toll, was du da gerade gesagt hast. Nur, eh, ganz – so – hat der Luther das jetzt nicht gesagt.

Nein, Kevin, Luther hat nicht zum Kaiser gesagt: »*Ich habe einen Ständer, ich kann nix anderes.*« Er hat gesagt –

Kevin?! Kevin?! Hey!

Aufgelegt! Na dann viel Spaß, Margot Käßmann!

Auf Teufel komm raus
Oder: Mach mal Djihad, Martin

Luther *(schreibt an Stehpult)*: Ja! »…und niemandem untertan.« *(liest)* »Denn das gilt auch im Jahr 2017: Ein Christenmensch ist immer noch ein freier Herr aller Dinge und niemandem untertan.« Ha! – Dieser Satz wird einer der Höhepunkte meiner Predigt.
Und ich stelle mir das schon vor: Wie ich da stehe – ich, Martin Luther persönlich, der Ehrengast am Tag des großen Reformationsjubiläums. Auf dieser riesigen Bühne vor den Toren von Wittenberg. Vor mir 300.000 Protestanten, die mir jedes Wort von den Lippen saugen. Und die dann meine Predigt hören über meine Reformation, die meine Kirche erneuert

hat. Und die ja auch die Welt zu einem besseren Ort gemacht hat: Moderner. Freier. Menschlicher.

Stimme *(dieselbe Person, nur klein und verkrümmt, die Luther mit gnomenhafter Stimme von schräg unten anspricht):* Versager!

Luther: Was?

Stimme: Ein Versager bist du und ein Großmaul!

Luther: Wer spricht da?

Stimme: Tintenfass! Weißt du noch, damals: dein albernes Tintenfass, mit dem du nach mir geworfen hast, um mich zum Schweigen zu bringen?

Luther: Nein, bitte nicht! Nicht jetzt! Ich muss mich doch auf meine große Rede vorbereiten.

Stimme: Deine Rede, das ist doch ganz einfach: Geh da raus, und dann sagst du: Der Teufel hat gewonnen.

Luther: Was? Nein, das Evangelium hat gewonnen! Jesus Christus, der Glaube, die Schrift hat gewonnen.

Stimme: »Jesus Christus, der Glaube, die Schrift hat gewonnen?« Nein, der Teufel hat gewonnen. Weil du ein Spalter bist. Du hast sie gespalten, die Kirche Jesu Christi. Du! Das ist das Einzige, was deine Leute von dir wirklich gelernt haben: Deine Leute haben von dir gelernt, wie man die Kirche spaltet. Und wie man die Abspaltung dann immer weiter spaltet und spaltet, bis man am Ende 1000 kleine Spalt-Kirchen hat, die sich alle nicht ausstehen können. Spalter!

Luther: Nein, das war ich nicht! Das war die Politik, die am Ende die Kirche gespalten hat. Der Kaiser. Kurfürst Friedrich. Der Papst mit seiner Bannbulle. – Aber doch nicht ich. Ich habe doch immer nur gepredigt.

Stimme: Du bist so dumm! Geküsst hast du ihn, den Mantel des Kurfürsten. Gib's zu! Verschachert hast du deine Kirche an die Politik und an die Zivilgesellschaft. Und denen gehört ja auch dein Protestantismus bis zum heutigen Tag. Du bist so dumm.

Luther: Stopp! Das geht jetzt zu weit. Man mag mir viel vorwerfen, aber dumm – nein, das ist nun wirklich nicht das richtige Wort für Doktor Luther. Zigtausende Seiten an gelehrten Schriften habe ich verfasst, die bis heute ständig zitiert werden in aller Welt! Eine deutsche Universität trägt meinen Namen! Meine Bibelübersetzung wird gerühmt als geradezu die Erfindung der deutschen Sprache!

Stimme: Dumm bist du! Dumm wie Bohnenstroh! Ich sage nur: Amerika.

Luther: Amerika? Was soll das denn jetzt? Was habe ich mit Amerika zu tun?

Stimme: Eben: nichts! Weil du nichts geschnallt hast damals. Die Welt des Bösen blüht auf, just in deinen Erdentagen blüht sie auf wie selten zuvor: Handelsschiffe voller schwarzer Sklaven fahren um den Globus, und der große Rassismus entsteht, der bis heute die Welt zerteilt. Das geraubte Gold der Indios wird in den Königshäusern Europas gestapelt. Und die Fuggers und Bankhäuser legen den Grundstein zu ihrer heutigen Weltmacht – und du?

Luther: Ich habe gegen den Ablass gekämpft!

Stimme: »Ich habe gegen den Ablass gekämpft« – Das ist doch nicht zu fassen! Der Teufel stellt die Weichen für die Verkommenheit der globalisierten Welt von heute – und der Herr Doktor Luther hält die Tür der Schlosskirche von Wittenberg für den Nabel der Welt! Du bist so ein kleinkarierter deutscher Provinzgeist! Aber immerhin, für den Teufel warst du ein recht nützlicher Idiot.

Luther: Wie bitte?

Stimme: Ich sage nur: Judenhass. Ja, da hat der Teufel sich schon sehr gefreut, als er das gelesen hat, was du dazu geschrieben hast, vor allem deine »Sieben Punkte zur Entladung von der Judenlast.«

Luther: Ach, nun komm mir doch bitte nicht wieder damit. Das war 1543, da war ich schon sehr alt, als ich das geschrieben habe.

Stimme: »*Dass man … die Häuser der Juden … zerbreche und zerstöre…*« – hast du das geschrieben?

Luther: Ja.

Stimme: »*Dafür mag man die Juden unter ein Dach oder in einen Stall tun.*« – Hast du das geschrieben?

Luther: Ja. Und ich habe damals auch geschrieben: »dass man die Synagogen der Juden mit Feuer anstecke«.

Stimme: Ha! – Jetzt haben es alle gehört: »dass man die Synagogen der Juden mit Feuer anstecke«. Jetzt wissen alle, wes Geistes Kind der Doktor Luther ist: Ein Judenhasser ist das und ein Nazi.

Luther: Nein!

Stimme: Reichskristallnacht?! 9. November 1938, als die Nazis in deinen Geburtstag am nächsten Tag reingefeiert haben mit brennenden Synagogen?! Und Adolf Hitler sagte: »Martin Luther, das war ein Riese.«

Und jetzt geh raus auf deine Bühne zu deinen 300.000 Protestanten, und sage zu ihnen: Ich, Martin Luther, bin ein Judenhasser und ein Nazi! Und ein Spalter der Kirche Jesu Christi bin ich! Und ich bin dumm wie Bohnenstroh!

Luther: Nein, so stimmt das doch alles nicht!
Stimme: Hah! Wir wollen doch ehrlich sein.
Luther: Nein, lass mich! Geh weg!
Stimme: Spalter! Spalter! Kirchenspalter!
Luther: Weg!
Stimme: Synagogenzündler!
Luther: Weg!
Stimme: Dumm wie Bohnenstroh!
Luther: Geh weg! Nein! Weg!
(versteckt sich im Talar)

Fatime *(kommt auf die Bühne)*: Martin? – Martin, alles in Ordnung?

Luther: Ist sie weg?

Fatime: Wer ist weg?

Luther: Da war diese Stimme, die hat mich so fertigge-macht. Diese böse Stimme – das soll weg!

Fatime: Das Böse soll weg? Das habe ich dir doch letztens schon gesagt, wie das geht: Mach mal Djihad.

Luther: Was?

Fatime: Djihad, weißt du nicht mehr: der Kampf für das Gute mit vollem Einsatz und gegen all den Scheiß, der dich fertigmachen will. Mach mal Djihad. Du, das hilft, dem Bösen offen die Stirn zu bieten. Hör mir jetzt einfach mal gut zu *(singt)*:

Lasst euch nichts gefallen! Ihr seid nicht irgendwer.

Kampf allem, was euch kleinmacht. Dient ihnen nicht mehr.

Ihr seid Kinder Allahs, der euch frei geschaffen hat.

Macht mal Djihad.

Hörst du? Mach mal Djihad. – Komm, das kriegst du doch auch hin, du mit deiner Kampfgeschichte. Denk doch jetzt einfach mal daran und nicht mehr nur an die bösen Stimmen.

Luther *(singt)*:

Der Papst ist schwer beleidigt, der Kaiser schäumt vor Wut.

Die Großen dieser Welt, sie wollen Martin Luthers Blut.

Doch mit dem Wort des Höchsten macht der kleine Mann sie platt.

Er macht Djihad.

Fatime: Genau! – Und jetzt das Ganze mal im Blick auf
die Leute von heute.

Fatime und Luther *(singen gemeinsam)*:

Was hat der Typ da in der Hand? – Nein, fass das nicht an!
Sonst hat er dich am Wickel, und dann bist du dran.
Siehst du das denn nicht: Das ist ein Hedge Fonds-Derivat.
Mach mal Djihad.

Das Ticken macht dich wahnsinnig. Die ganze Welt ist Uhr.
Ein Countdown jagt den nächsten. Flieg bloß nicht aus der
Spur!
Mensch, du bist kein Hamster! Spring raus aus diesem Rad!
Mach mal Djihad.

[Fortsetzung auf Seite 92]

Du sitzt vor deinem Bildschirm, als wär' der dein Prophet.
Wo sind die heil'gen Bücher, in den'n doch alles steht?
Du stopfst dich voll mit Möglichkeiten und wirst doch nicht
*   satt.*
Mach mal Djihad.

Der Mama fehlt die Knete, dem Papa die Geduld.
»Kind, du bist ein Klotz am Bein, und das ist deine Schuld.
Wenn du jetzt nicht still bist, dann holt dich Vater Staat!«
Macht mal Djihad.

Priester, sag nicht immer: Ja. Das schadet deiner Haut.
So viel kannst du gar nicht scheißen, wie dein Ohr verdaut.
Sei doch auch mal David und nicht immer Goliath.
Mach mal Djihad.

Heut' ist »Tag des Friedhofs«. Auch du kriegst deinen Sarg!
Ab jetzt kannst du da probeliegen für den letzten Tag.
Du bist für die nur einer, der es längst hinter sich hat.
Mach mal Djihad.

Lasst euch nichts gefallen! Ihr seid nicht irgendwer.
Kampf allem, was euch kleinmacht. Dient ihnen nicht
*   mehr.*
Ihr seid Kinder Gottes, der euch frei geschaffen hat.
Macht mal Djihad.

Schwader und Lapp
oder: Luthers Theologie für Kölner

Schwader: Guten Abend! Da simmer wieder: dat Duo Schwader und Lapp.

Lapp: Schwader und Lapp sind ja überall bekannt als die kölschen Kommunikations-Profis für die hoffnungslosen Fälle.

Schwader: Letztes Mal haben wir dem Meisner seine kruden Sprüche ins Kölner Liedgut übersetzt. Diesmal wollen wir Ihnen die Reformationstheologie von dem Martin Luther erklären.

Lapp: Äh – watt??

Schwader: Los, Motto!

Lapp: Ach so, ja, wir haben ja auch ein Motto:
»Wenn die Welt dich nit versteiht:
Schwader un Lapp zeigen dir, wie et jeiht.
Denn die finden für alles 'n kölsches Leed.«

Schwader: Mann, Lapp: Du hast die Schilder vergessen!

Lapp: Du, Schwader, ich glaub, ich pack das nicht.

Schwader: Was packst du nicht?!

Lapp: Du – d'r janze Abend evangelisch: das pack ich nicht!

Schwader: Mann! Wir haben unterschrieben bei diesem Oberprotestanten. Du musst!

Lapp: Ja, stimmt, bei diesem Bettvorleger.

Schwader: Hey: Bedford-Strohm heißt der!

Lapp: Der sah so betreten aus. Ich dachte, der wär Bettvorleger.

Schwader: Mann, quatsch nicht! Und jetzt hol endlich die Schilder! – Mann, du bist auch 'n Bettvorleger.

Lapp *(kommt mit Schilder-Ständer, guckt darauf):* Du, Schwader: evangelisch – ich glaube, das ist mir echt zu anstrengend. *(buchstabiert mühsam)* »Rechtfertigungslehre«.

Schwader: Mann, jetzt jammer hier nicht so rum! Andere schaffen das doch auch.

Lapp: Echt?

Schwader: Ja, klar, guck mal, die da unten.

Lapp: Die sin all evangelisch?!

Schwader: Nee, alle nicht. Manche sind auch normal. Aber viele schon.

Lapp: Kriegen die auch alle Geld dafür, wie wir von dem Bettvorleger?

Schwader: Nee, du, die machen das freiwillig. Oft über Jahrzehnte.

Lapp: Vielleicht kennen die nix anderes.

Schwader: Lapp, du bist doch Kölner!

Lapp: Ja, klar, wat denn sonst?!

Schwader: Wir kölschen Kommunikationsprofis, wir müssen die Theologie von dem Martin Luther ja gar nicht verstehen, wir müssen sie nur erklären! Und dat mache mer jetz! Fangen wir gleich mit dem Wichtigsten an: der *Rechtfertigungslehre*. Wie sagt doch der Doktor Luther über unsere Sünden:

»Denn eben darum ist der Glaube das höchste Werk, weil er bestehen bleibt auch bei deinen täglichen Sünden – und sie tilgt, indem er nicht daran zweifelt, dass sie dir – nee, dass – dass Gott dir sei so günstig – oder war es gnädig? …« Ach – was der Martin Luther uns damit eigentlich sagen will, das ist doch ganz einfach:

Schwader und Lapp *(singen)*:

»Wir sind alle kleine Sünderlein,
's war immer so, 's war immer so.
Englein können wir im Himmel sein,
's war immer, immer so.«

Ja, haken Sie sich unter, singen Sie mit und lassen Sie sich fallen in das große allumfassende Schunkel-Vertrauen des rheinischen Frohsinns!

»Wir sind alle kleine Sünderlein,
's war immer so, 's war immer so.
Englein können wir im Himmel sein,
's war immer, immer so.«

Schwader: So. – Als nächstes geht es um den Gottesdienst, den Luther ja auch reformiert hat.

Lapp: Aber warum steht da: *Priestertum aller Gläubigen*?

Schwader: Sei mal still, ich erkläre das doch gerade. Also, früher war das so: Da standen die ganzen Priester, also quasi der Elferrat, am Altar und haben da so für sich ihren Hokuspokus zelebriert. Aber dann kam der Luther und hat gesagt: All die Jecken im Saal dürfen jetzt auch mitmachen. Sie sollen sich abklatschen und sich freuen, dass sie in der Kirche sind: »Priestertum aller Gläubigen«. Im Gesangbuch Lied Nr. 11.

Schwader und Lapp *(singen)*:

»Und dann die Hände zum Himmel,
Komm, lasst uns fröhlich sein.
Wir klatschen zusammen, und keiner bleibt allein.«

Schwader: Und das Tolle ist: Jetzt durfte auch der einfache Jeck den Wein aus dem Kelch trinken und nicht
mehr nur die Priester.

Lapp: Und dazu gibt es ja auch ein wunderschönes Lied.

Schwader: Ja, das Lied vom Laienkelch, Lied Nr. iii:

Schwader und Lapp *(singen):*

> *»Drink doch eine met, stell dich nit esu ahn.*
> *Du steihs he de janze Zick eröm.*
> *Häs de och kei Jeld, dat es janz ejal,*
> *Drink doch met und kümmer dich nit dröm.«*

Lapp: Du, Schwader, ich merke gerade: Evangelisch ist ja
gar nicht so schwer, wie ich gedacht habe. Das macht
ja streckenweise sogar Spaß.

Schwader: Genau, und zu so einer lebensfrohen Religion
passt natürlich jetzt kein Bütz-Verbot, oder wie man

früher sagte: Zölibat. Und deswegen hat sich der Mönch Martin an Weiberfastnacht 1525 von der Nonne Katharina bützen lassen.

Lapp: Und davon war der Mann dann so hin und weg, dass er gleich ein neues Lied für sein Kirchengesangbuch geschrieben hat. Ich glaube, das war dieses hier *(singt)*:

»Oh, oh, Katrin, ich han mich verlore, verlore an dich.
Oh, oh, Katrin, ich bin neu jebore, neu jebore durch
    dich.
Ich will niemols em Lääve ohne dich mih sin,
denn nur met dir hat ming Lääve wirklich Sinn.«

Schwader: Und nur wenig später schon sang ganz Wittenberg mit den beiden:

Schwader und Lapp *(singen)*:

»Hück es Polterovend in d'r Lutherstadt,
Denn der Martin hierat morje et Kathrin.
Et Kathrin hätt ich su jän för mich jehat,
Ävver mich, ävver mich, mich wollt se nie.
Ach, Kathrin, ach, Kathrin,
Mir deit et Hätz su wih.
Wie jän hätt ich mit dir dies Naach de Stroß jefäch,

Ävver mich, ävver mich, mich wollt se nie,
Ävver mich, ävver mich, mich wollt se nie.«

Lapp: Ist das nicht herrlich?! Dass Protestanten zu so viel Frohsinn überhaupt fähig sind! Wahnsinn!

Schwader: Ja, und was Sie da gerade jetzt erleben hier im Saal, diese Begeisterung, genau das ist auch damals schon der Kern der Reformation gewesen. Denn schon damals waren es ja vor allem seine Lieder, mit denen der Luther seine Lehren weiter gegeben hat an die Jecken auf der Straße.

Lapp: Ja, und weil der Bettvorleger möchte, dass auch beim Reformationsjubiläum 2017 wieder jeder Deutsche auf der Straße wenigstens ein Lutherlied kann, üben wir das Wichtigste von allen jetzt schon mal mit euch ein. Im Gesangbuch Nr. 47 II:

Schwader und Lapp *(singen, auf die Melodie von »Guantanamera«):*

»Ein Martin Luther, es gibt nur ein Martin Luther,
Ein Martin Luther, es gibt nur ein Martin Luther.
 Es gibt so viele Rel'jonen,
 Die sich für viele nich lohnen.
 Hellseher, Gurus, Propheten,
 Die dir die Seele zerkneten.
 So viele Götter und Geister!
 Die meisten sind Scheibenkleister.
Ein Martin Luther, es gibt nur ein Martin Luther,
Ein Martin Luther, es gibt nur ein Martin Luther.«

Luther-Support 5: Stille

(*Telefon klingelt*) Luther-Support – an jedem Ort, immer sofort das kluge Wort.

Hallo? … Hallo? … Hallo, ist da jemand?

Hallo?! Warum sagen Sie denn nichts?

Sie? Hallo? Was wollen Sie denn wissen? Sie wollen doch sicher irgendwas von mir wissen.

Oder haben? Wollen Sie was von uns haben?

Was mitteilen vielleicht? Heute will doch jeder immer was mitteilen.

Sagen Sie mal, warum rufen Sie überhaupt an, wenn Sie gar nichts sagen? Hallo?

Mmh. – Dazu fällt mir gerade ein: Ich hab mal im Radio so einen Werbespot gehört. Da kam 30 Sekunden lang kein Ton. Alles still. Und hinterher hieß es: Dieser Spot wurde gesponsert von der Kirchengemeinde sowieso. Total irre, was? 30 Sekunden Stille im Radio! Und dafür haben die bezahlt! Bekloppt, was?

Wobei, andererseits hat man das ja heute gar nicht so oft, dass es ganz still ist. Dass alle die Klappe halten und gar nichts gesagt wird. Irgendeiner quasselt ja immer. Bei den Protestanten ja schon mal sowieso.

Ha! Sie sind nicht evangelisch! Das immerhin haben Sie mir jetzt schon mal verraten. Evangelisch sind Sie nicht!

Sind Sie – sind Sie vielleicht der Dalai Lama? Der hat es doch auch immer mit dem Schweigen.

Ja, genau, Sie müssen der Dalai Lama sein.

Herr Lama, ich finde das übrigens ganz toll, dass Sie das machen. Das mit dem Schweigen und so, meine ich. Dass Sie den Menschen die Kraft der Stille so nahebringen. Das ist wichtig, gerade heute.

Ja, das wird viel zu oft vergessen. Weil immer irgendwer den Mund nicht halten kann. Ist doch so, oder? Weil immer einer plappert. Oder eine. Die Frauen, das kommt ja heute auch noch dazu. Worte, Worte, immerzu Worte. In einer Tour immer Worte und noch mehr Worte. Immer muss einer irgendwelche Sätze raushauen. Das ist schlimm, Herr Lama, ganz schlimm. Die Leute spüren das heute einfach nicht mehr, wann es an der Zeit ist, dass sie einfach mal die Klappe halten. Dabei gibt es doch auch im Christentum – daran erinnern Sie mich jetzt gerade wieder sehr intensiv mit Ihrem eindrücklichen Schweigen, Herr Lama – auch im Christentum gibt es doch diese großartigen Traditionen des Schweigens und des Verstummens: die »Häuser der Stille«, die Mystiker, die Schweige-Exerzitien der Nonnen und natürlich auch die Schweige-Exerzitien der Mönche, überhaupt die Klöster mit ihren herrlichen Kreuzgängen: steingewordene Mahnungen des Mundhaltens. Und dann natürlich – Hallo?

Hallo?!

Aufgelegt! Ach, das hätte ich jetzt aber nicht gedacht, dass der Dalai Lama so ungeduldig ist. Legt der einfach auf. Und vorher hat der ja nur in einer Tour geschwiegen. Und in einem Tempo – da ist man ja gar nicht mehr dazwischen gekommen! Und dann legt er auf. Also, ob das jetzt soo spirituell war?!

Finale
oder: Interreligiöses Wettrüsten mit Dubidu

Moderator: Wir kommen nun allmählich zum Ende unserer spannenden Reise durch das »Phänomen Martin Luther«, wenn ich das mal so sagen darf. Eine Vielzahl von Aspekten haben wir dabei berührt. Ganz nach dem Vorbild der großen »Reformationsdekade« der Evangelischen Kirche in Deutschland, haben auch wir den Reformator in seiner historischen Verwurzelung rezipiert, haben uns auf der anderen Seite aber immer wieder auch seiner bleibenden Aktualität versichern können. Der Weltstar aus Wittenberg vermag so zum Leben auch der Menschen von heute nicht nur markante Bonmots, sondern ebenso eine profunde Spiritualität, kluge Einsichten und nicht zuletzt theologische Substanz beizusteuern. Sie, die Sie uns auf dieser spannenden intellektuellen Reise begleitet haben, haben dabei Ihrerseits nun hoffentlich auch –

Fatime *(platzt herein und unterbricht ihn):* Mann! Das kann doch nicht wahr sein! Du kannst doch die Leute jetzt nicht mit so einem wohltemperierten Schlusswort nach Hause schicken: »Weltstar aus Wittenberg«, »Phänomen Martin Luther«, »spannende intellektuelle Reise«! Und dann: Aus die Maus – Schlussapplaus?! Da muss aber jetzt erst noch mal Butter bei die Fische!

Moderator: Bitte, Frau Fatime: Wir sind beim Schlusswort! »Butter bei die Fische«, das hatten wir doch alles

schon. Was jetzt noch fehlt, ist lediglich ein angemessen differenzierter Abschluss, ohne sich dabei allzu einseitig …

Fatime: Wie bitte?!

Moderator: Also, noch mal zusammengefasst: Wie sehen wir den Reformator?

»Kritisch«: ja! Natürlich sehen wir ihn kritisch, denn wir sind Protestanten und darüber hinaus ja auch noch ein Kabarett.

Aber »heiter« eben auch! Denn als kirchliches Kabarett sind wir schließlich auch dem Wohlfühl-Protestantismus verpflichtet, und als Kölner ja schon mal erst recht.

Und daher muss das dritte Wort in meiner Schlussbetrachtung definitiv heißen: »differenziert«. Differenziert wollen wir ihn sehen. Denn wer könnte letztlich schon eindeutig sagen, ob Martin Luther nun eher als jemand anzusehen ist, der –

Fatime: Jetzt halt doch endlich mal die Klappe! Klappe, Mann! Da geht es raus! Da! Da, zur Garderobe! *(Moderator ab)*

Mann, ich fasse es nicht! Dieses ewige kirchliche Mantra »differenziert«. Ich kann's nicht mehr hören! »Differenziert« – das ist doch am Ende nichts anderes als die kümmerliche Ausrede einer völlig emotionslos gewordenen Kirche. Der Teufel differenziert aber nicht. Der nimmt, was er kriegt, und lacht sich kaputt über euch!

Die Wahrheit ist doch: Ihr habt alle keinen Arsch mehr in der Hose! Ihr habt alle keinen Arsch mehr in der Hose, die Dinge so zu benennen, wie sie sind!

Die christlichen Länder und Deutschland vorneweg verdienen sich dumm und dämlich am Waffenexport an sämtliche Kriegsparteien in der Welt. Aber wenn es darum geht, wehrlose Syrer vor den Fassbomben des Regimes oder vor den IS-Barbaren zu schützen, sind 70 % im Land für »Frieden schaffen ohne Waffen«, denn deutsche Soldaten könnten ja gezwungen sein, für andere einen Schuss abzugeben.

Oder der große religiöse Aufreger des letzten Jahrzehnts: wie muslimische Frauen sich anziehen. An jeder dritten Plakatwand im Land hängen halbnackte Frauen. Aber worüber regen die Leute sich auf? Über Kopftücher!

Und wo entsorgt die westliche Christenwelt ihre Chemieabfälle? Diskret auf Müllkippen im fernen Afrika. Und das ist für die neoliberale Moral hierzulande auch überhaupt kein Problem. Denn das nigerianische Waisenkind kann sich ja völlig »frei entscheiden«, ob es auf dem kontaminierten Müllberg vor seiner Haustür nach Essen suchen will oder nicht. »Freie Fahrt für freie Bürger« – auch auf der Autobahn zur Hölle?! Wussten Sie, dass 1% der Weltbevölkerung mehr als 50% des globalen Reichtums besitzt?

Ja, dieses 1% hat mehr als die übrigen 99% zusammen! Toll, was? Die meisten dieser 1% sind übrigens protestantische Christen.

Was ist nur aus der Kirche geworden, die einst einen Martin Luther hervorgebracht hat?! *(Martin Luther erscheint neben ihr)*

Martin Luther – der hat jedenfalls nicht differenziert, so viel steht fest. Mann, was hat der den Mächtigen seiner Zeit nicht alles für Sprüche um die Ohren gehauen?

Luther: »Ich bin kein Waidmann, der Wild jagt. Ich jag den Papst, Kardinal, Bischof, Domherrn und Mönch.«

Fatime: Genau. So was meinte ich. – Hast du noch mehr?

Luther: »Gott hat mich an euch gehetzt; ihr sollt vor meinem Namen keine Ruhe haben, bis dass ihr euch bessert – oder zugrunde geht.«

Fatime: Hey, cooler Spruch. – Noch was?

Luther: »Ein Geldverleiher, der Zinsen nimmt, ist ein Wucherer und ist ein Mörder. Denn wer einem an-

deren seine Nahrung aufsaugt …, der tut einen …
großen Mord … Solches tut aber ein Wucherer und
sitzt dieweil sicher auf seinem Stuhl, wo er doch bil-
ligerweise am Galgen hängen und dort von so vielen
Raben gefressen werden sollte, wieviel er Gulden gestohlen hätte.«

Fatime: Bravo! Mann, du sagst es.

Luther: »Wie der Papst der Antichrist ist, so ist der Türke
der leibhaftige Teufel. Gottes Rute ist der Türke und
des Teufels Diener, das hat keinen Zweifel.«

Fatime: Hey, stopp! Was war das?! »Der Türke ist der
Teufel …«?! Hallo?! Hast du sie noch alle? Diese uralten Kamellen?

Luther: Hey, jetzt pass mal auf! Deine Religion, dieser
Türkenglaube, der Islam: Ich habe inzwischen erfahren: Das ist bei euch ja heute noch viel schlimmer
als zu meiner Zeit! Wenn ich das alles damals schon
gewusst hätte, dann wären meine Türken-Schimpf-
Schriften noch ganz anders ausgefallen. Bei mir war

der Türke nur erst vor Wien. Bei euch ist er ja schon mitten in Berlin! Das ganze Abendland auf dem Weg der Islamisierung! »Heute schächten sie Schafe und Rinder, morgen vielleicht schon Christenkinder.«

Fatime: Meine Fresse! Du, das sind Pegida-Parolen! Das ist Nazi-Schrott! Willst du schon wieder in diese Falle laufen?

Luther: Nazi-Schrott?

Fatime: Und jetzt mal ernsthaft: Was soll das denn für ein »christliches Abendland« sein, von dem da immer die Rede ist bei den Pegidas? Heute sind es doch wir, die Muslime, die ständig fordern: Mehr Gott! Ihr Christen fordert doch nur: Mehr Geiz! Mehr Gier! Mehr Gewinn! *(beiden werden jetzt Box-Handschuhe gereicht)*

Luther: Hey, jetzt hör du mir mal gut zu: Was deine Religion, der Islam, heute vor allem braucht – das höre ich überall –, das ist ein Reformator. Einer wie ich. Also, orientiert euch einfach an mir, dann werdet ihr, wie ich, den Kampf gegen das Mittelalter schon gewinnen

und endlich ankommen in der aufgeklärten christlichen Moderne.

Fatime: Ach, was du nicht sagst: An euch modernen Protestanten sollen wir Muslime uns orientieren? Sprich:
Wir sollen nicht mehr fünf Mal am Tag beten, sondern
lieber wie ihr fünf Mal am Tag Nachrichten hören?!

Luther: Was ein Martin Luther dem Islam zu sagen hat,
das ist ganz einfach: Weg mit allen religiösen Groß-
muftis, ob sie nun Papst heißen oder Ayatollah! Weg!

Fatime: Okay, und ich sage: Weg mit den blutleeren La-
bersäcken auf den Kirchen-Kanzeln und eurer langweiligen hyperkorrekten Tiefschlaf-Religion!

Luther: Weiter sage ich: Weg mit der moralischen Ent-
mündigung der freien Gotteskinder! Weg mit der
Scharia! Weg!

Fatime: Und ich halte dagegen: Weg mit dem neoliberalen Service-Christentum! Wollt ihr Protestanten überhaupt noch eine Religion sein – oder seid ihr zufrieden mit eurer Rolle als deutsche Wohnzimmertapete?

Luther: Und ich sage: Weg mit der bescheuerten Einrichtung Gottesstaat! Religion ist Religion und Politik ist Politik. Und wenn ihr das nicht begreift, werdet ihr nie ankommen in unserer aufgeklärten Moderne.

Fatime: Ach, weißt du was: Wenn wir dafür so ein saft- und kraftloses provinzielles Mauerblümchen werden müssen, wie ihr Protestanten es seid, dann will ich da auch gar nicht ankommen!

Luther und Fatime *(sprechen synchron)*: Das ist ja wohl das Allerletzte! Ausgerechnet du, wer meinst du denn, dass du bist?! Also wirklich – und du willst mir sagen

– wobei – Eigentlich weiß ich ja, dass du mir richtig viel zu sagen hast und dass ich gut daran tue, dir zuzuhören – Okay, ich hör dir zu. – Nein, ich hör dir zu. – Okay. – Also, ich wollte nämlich – Also, natürlich nur, wenn's dir recht ist – Ja, es ist mir recht – Ich wollte nämlich eigentlich gerne zum Abschluss – Wollte ich dir – Was singen. – Echt?

Fatime (singt auf die Melodie von »Ich wäre gern wie du« aus dem Film »Dschungelbuch«, Luther schnippt dazu):

Ich bin die fesche Fatime,
Muslima, stark und stolz,
Nicht Tusse und nicht Dienerin,
Ich bin aus 'nem anderen Holz.
Doch wenn ich diesen Luther seh:
Wow! Der Mann ist gut.
Hat Köpfchen, Herz und Sprachverstand
Und bei all dem auch immer noch Wut.
  Oh dubidu
  Ich wäre gern wie duhuhu
  Ich möchte sein wie du
  Schrei'n wie du

Du huhu
Du wirst schon seh'n uhu
Auch eine Moslemfrau
Bringt diese Schau
Ganz genau
Wie duhuhu.

Luther (singt):

Einst hieß es:
Seht an, der Held von Wittenberg,
Hat Eier wie ein Gott!
Doch heute sehen die Leute mich
Nur noch mit müdem Spott.
Doch die Kämpferin mit Kopftuch,
Vor der hat man Respekt.
So eine kriegt mein deutsches Volk
Vielleicht noch mal geweckt.

Oh dubidu
Ich wäre gern wie duhuhu
Mysteriös wie du
Bisschen bös' wie du
Duhuhu
Du wirst schon seh'n uhu
Nicht nur der Muselmann
Auch Luther kann
Dann und wann
Wie duhuhu.

Fatime und Luther (singen gemeinsam):

Oh dubidu
Ich wäre gern wie duhuhu

Ich möchte sein wie du,
Schrei'n wie du,
Du huhu
Mysteriös wie du
Auch bisschen bös' wie du,
Ja, dann und wann
Wär' ich gern wie duhuhu.
Dann und wann
Wär' ich gern wie duhu.
Ja, dann und wann
Wär' ich gern wie duhu.

Kabarettperlen aus 25 Jahren

Dieter Manecke († 2009), Gründungsmitglied des KLÜNGELBEUTEL, erzählt ein Märchen

Vereinigungs-Tango (1990)
Oder: Das Märchen vom Prinzen, mit dem niemand tanzen wollte

Es war einmal eine evangelische Kirche in der Bundesrepublik Deutschland. Die war ein Prinz und hieß EKD. Der Prinz war nicht besonders schön. Aber er hatte Geld. So viel Geld, dass es ihm manchmal schon aus den Ohren herauskam. Und die Leute tuschelten, wenn er vorbeiging, und sprachen: »Schaut mal, da geht der Prinz EKD. Dem kommt das Geld aus den Ohren raus. Was mag der wohl in seinem Kopf haben? Ach, hätten wir doch auch so einen Kopf!« Und so tuschelten sie, jahrein, jahraus. Und der Prinz spazierte weiter und tat, als hätte er nichts gehört. Nur manchmal, da wurde er ein klein wenig rot an den Rändern seiner Ohren.

Und so gingen die Jahre ins Land.

Eines Tages sprach der Prinz bei sich: »Ich bin zwar reich, aber niemand liebt mich, weil ich so hässlich bin und weil mir das Geld aus den Ohren herauskommt. Ich will hinausgehen in die Welt und will mir eine schöne Prinzessin suchen, die mit mir tanzt. Dann werde ich erlöst sein, und keiner wird mehr über mich tuscheln.«

Und so ging er hinaus in die Welt.

Draußen in der Welt gab es viele schöne Prinzessinnen: schwarze, rote, gelbe, weiße. Aber keine wollte mit dem hässlichen Prinzen EKD tanzen.

Ganz zuletzt, als er schon fast wieder zuhause war, kam der Prinz an eine große, große Mauer, auf der stand geschrieben: »Hinter dieser großen Mauer wohnt eine wunderschöne Prinzessin. Sie heißt DDR-Kirche. Leider ist sie zur Zeit etwas abgemagert und bittet darum, etwas Geld oder Jacobs-Kaffee über die Mauer zu werfen, damit sie sich damit stärken kann.«

Als der Prinz das las, rupfte er gleich ein paar Millionen aus seinen Ohren, warf sie über die Mauer und rief ganz laut: »Liebe Prinzessin, wohl bekomm's! Ich bin es, dein Prinz EKD. Du sollst meine Prinzessin werden! Ich werde hier auf dich warten, bis die große Mauer alt geworden ist und stirbt. Und dann komme ich, und du musst mit mir tanzen und mich erlösen.«

Und so kam es denn auch: Die große Mauer wurde alt und gebrechlich. Und da nahm die schöne Prinzessin all ihre leeren Jacobs-Kaffee-Dosen und warf sie solange gegen die Mauer, bis sie röchelnd zusammenbrach.

Da freute sich der Prinz sehr, hüpfte gleich über die Trümmer, nahm sich die schöne Prinzessin und tanzte mit ihr den Vereinigungs-Tango.

Und wenn sie nicht gestorben sind …

Heinzelfrauchen (1993)

1. Wie war zu Köln es doch vordem
mit Heinzelmännchen so bequem!
Denn war man faul,... man legte sich
hin auf die Bank und pflegte sich:
da kamen bei Nacht,
ehe man's gedacht,
die Männlein und schwärmten
und klappten und lärmten
und rupften
und zupften
und hüpften und trabten
und putzten und schabten...
und eh ein Faulpelz noch erwacht,...
war all sein Tagewerk ... bereits gemacht!

2. Aus alter Zeit stammt der Bericht,
der von den Heinzelmännchen spricht,
die nächtens halfen aller Welt -
bis sie des Schneiders Weib verprellt.
Nun müßt man allein
wieder fleißig sein,
erzählt die Geschichte.
Denn weg sei'n die Wichte.
So feine
und reine
und selbstlose Leute
fänd' man nicht bis heute.

Doch halt, Herr Dichter, hier irren Sie sich.
denn eine Fortsetzung davon erzählt dieses Gedicht:

3. Wie war's bei Kirchens doch vordem
mit Heinzelfrauchen so bequem!
Denn war Mann faul, Mann ließ es sein,
die Heinzelfrauchen sprangen ein:
bei Tag und bei Nacht,
und eh Mann's gedacht:
sie schwitzten und schwärmten
und klappten und lärmten
und rupften
und zupften
und hüpften und trabten
und putzten und schabten…
und eh ein Gottesmann erwacht,
war die Gemeindearbeit schon halb vollbracht!

4. Der Pfarrer sprach: Die kranken Leut',
wer könnte sie besuchen heut'?
Ich selber habe keine Zeit.
Schon steh'n die Heinzelfrau'n bereit.
Pilgern freundlich und nett
zu manch einem Bett.
Bringen Büchlein und Birne
und wischen die Stirne
und hegen
und pflegen
und schmiegen und schmeicheln

und wiegen und streicheln,
und eh' sie gleich weiter zum Nächsten gedüst,
wird freundlich noch vom Herrn Pfarrer gegrüßt.

5. Mit großer Freude jedes Jahr
lädt der Herr Pfarrer zum Weihnachtsbasar.
Doch weil er nicht stricken und basteln kann,
müssen die Heinzelfrauchen ran.
Schon im Frühjahr geht's los,
und der Eifer ist groß:
Sie planen, erfinden
und schneiden und binden
und kleben
und weben
und schmücken und laufen,
bedienen, verkaufen.
Und zum Schluß überreicht, wie stets generös,
der Herr Pfarrer dem guten Zweck den Erlös.

6. Die Kirchenleitung, meistens Herrn,
tagt auch in den Gemeinden gern.
Sie beraten der Seele himmlischen Lohn.
Für's leibliche Wohl sorgt – man ahnt es schon! –
na, wer wohl? die Frauen,
die backen und brauen
und schmieren und schmecken,
verzieren und decken
und hecheln
und lächeln

und rücken und wühlen,
und sie sind schon beim Spülen,
als am Ende der Bischof für Speis' und Trank
dem Herrn Pfarrer sagt seinen herzlichen Dank.

7. So war's den frommen Herrn vordem
mit Heinzelfrauchen recht bequem.
Die Männer stolz im Rampenlicht,
die fleißigen Frauchen, die sah man nicht.
Ins Dunkle verbannt,
blieben sie unerkannt.
Das Dienen im Schweigen
war ihnen zu eigen,
das Tragen,
Entsagen,
das Wirken im Stillen,
den Herren zu Willen.
Ja, die Heinzelfrauchen war'n nützliche Leut'.
Warum wohl sieht man sie kaum noch heut'?

8. Neugierig war des Pfarrers Frau.
Sie sprach: Ich nehm' ein Licht und schau
mal, wer da ständig Tag und Nacht
für meinen Fritz die Arbeit macht.
Flugs leuchtet sie grell.
Um die Frauchen wird's hell.
Zum ersten Mal schauen
sich selbst nun die Frauen
und sehen,

verstehen
ihr heimliches Putzen
und wem das tut nutzen.
Das war für sie ein gar bitterer Schreck.
Und im nächsten Moment – husch, husch, husch! –
    waren sie weg.

9. Als das erfuhr der Gottesmann,
da stimmte er ein Jammern an.
Beklagt' sich auch bei seiner Frau.
Doch die erwiderte ihm schlau:
Jetzt muß halt der Mann
auch im Dunkeln mal ran:
beim Pflegen und Streicheln,
beim Hegen und Schmeicheln,
beim Laufen,
Verkaufen,
beim Rücken und Wühlen,
beim Fegen und Spülen.
Und klag' ja nicht: Ach, daß es wie damals noch wär'!
Denn diese Zeit kommt nicht wieder her!

Unter Verwendung der ersten Strophe des Gedichts von August Kopisch und unter Mitarbeit von Friedrich Behmenburg

Bye-bye, Bußtag (1995)

(Vier Feiertage betreten die Bühne und gehen zu ihren Plätzen.)

Der 1. Weihnachtstag: Sehr geehrte Feiertage, warum sind wir hier versammelt? »Es begab sich aber zu der Zeit, dass ein Gebot von dem Ritter Blüm ausging, dass alle Feiertage geschätzet würden. Und diese Schätzung war die allererste und geschah zu der Zeit, da Helmut der große Landflegel in Bonn war. Da machten sich auf alle Feiertage, ein jeglicher mit seiner Lobby, um an der Krippe der neugeborenen Pflegeversicherung auf jeden Fall dabei zu sein. Nur für einen fand sich schließlich doch kein Raum in der Herberge …«
Tja, lieber Buß- und Bettag, das bist du gewesen. Dich hat es erwischt. Wir anderen sind noch einmal davongekommen. Die große Unruhe, die die Schätzung des kleinen dicken Ritters seinerzeit unter uns allen ausgelöst hat – dein Opfer hat sie beseitigt.
Dafür wollen wir dir heute noch einmal ausdrücklich danken.
In dieser Stunde des Abschieds lassen Sie uns noch einmal zurückschauen, liebe Feiertage, auf das Leben und die bewegte Geschichte unseres Bruders Buß- und Bettag.
Du hast dich zwar erst Ende des vorigen Jahrhunderts als gesetzlich anerkannter Feiertag bei uns etablieren können. Doch entstammst du einem der vornehms-

ten und ältesten Feiertagsgeschlechter überhaupt. Eure Wurzeln reichen bis tief ins Alte Testament und bis in die elementare Verkündigung unseres Herrn Jesus Christus hinein. Deine Vorfahren haben bereits über viele Jahrhunderte und Jahrtausende hinweg die Traditionen des Fastens und der zerknirschten Reue hochgehalten. In den Zeiten der Büßerbewegung des Mittelalters – eurer Blütezeit – hat deine Sippe sogar höchst eindrucksvolle Geißler-Umzüge zustande gebracht, gegenüber denen manche Love-Parade heute vor Neid erblassen würde.

Auch du selbst hast in den gut 100 Jahren deiner persönlichen Geschichte treu und tapfer deine Aufgabe erfüllt. Du hast das harte und deutliche Wort nicht gescheut, auch wenn du dir damit nicht nur Freunde gemacht hast.

Trotzdem oder vielleicht auch gerade deshalb hat das Volk an dir gehangen. Gerade in den Stunden der Not hat es sich deiner immer wieder erinnert. Als diese Republik sich nach dem Krieg aus der Asche erhob, da haben dich die Protestanten als ihre Bastion verteidigt. Sie haben dich als ihren Feiertag in die ökumenischen Verhandlungen eingebracht – und durchgesetzt!

Es freut mich daher ganz besonders, dass ich nun bei deiner Verabschiedung auch einen Gast aus der Ökumene begrüßen darf. Und so bitte ich nun als Vertreter unseres katholischen Schwesterverbandes den Rosenmontag um sein Grußwort. Bitte sehr!

Der Rosenmontag:
Mein lieber Junge, ich soll dich grüßen
von der römisch-närrischen Fraktion.
Wir taten ja nie im November gern büßen,
beginnt doch am Elften schon unsere Session.

Ich soll dir bestellen aus unserem Kreise:
Tu dich nicht grämen, bloß weil der Staat
dir jetzt auf hinterhältige Weise
den gesetzlichen Status gestohlen hat.

Denn ob man als Feiertag nun legal ist
oder nicht, das ist doch bloß alles Geschwätz.
An mir kannst du sehen, dass das scheißegal ist:
Man feiert mich einfach, auch ohne Gesetz.
Legal – illegal – Karneval!

Kölle – Alaaf! Mach et jod, alter Junge!

Der 1. Weihnachtstag: Herzlichen Dank, Herr Rosenmontag. – Bevor wir nun unserem zweiten Gast das Wort erteilen, möchte ich noch schnell auf ein Grußwort hinweisen, das uns schriftlich erreicht hat. Und zwar ist das eine solidarische Grußadresse vom 1. Mai, der, geschwächt und bettlägerig, leider immer noch im Krankenhaus »Zur Neuen Heimat« auf seine Genesung wartet. Er spricht dir Mut zu, lieber Bruder. »Vorwärts«, schreibt er, »vorwärts und nicht vergessen, worin unsre Stärke besteht!«

Tja, diese Worte aus seinem Munde. Wo er es doch selber auch so nötig hat. Rührend.

Aber kommen wir nun zu unserem zweiten Gast: Als Vertreter des Verbandes der weltlichen Feiertage bitte ich nun ihren neuen Vorsitzenden um sein Grußwort: den 3. Oktober. Bitte, Herr Oktober!

Der 3. Oktober: Hohe Feiertage! Sehr geehrter Buß- und Bettag! Sie haben sich um unser Vaterland verdient gemacht.

Durch Ihr außerordentlich dankenswertes Ableben haben Sie bei den Kolleginnen und Kollegen der Fraktion ebenso wie bei mir selbst eine große innere Befriedigung ausgelöst und eine – ich darf sagen: – tiefempfundene Freude in die Reihen der Regierungen von Bund und Ländern getragen. Und zwar nicht nur, weil sie uns so auf bequeme Weise die Pflegeversicherung finanzieren, ohne dass wir selber uns dafür etwas ausdenken mussten, sondern auch, weil damit aus dem kollektiven Freizeitpark Deutschland wieder eine Kirmesbude verschwunden ist, wenn auch sicher eine eher unscheinbare.

Nein, ich gestatte keine Zwischenfrage!

Noch besser wäre es natürlich gewesen, meine Damen und Herren, wenn das Volk auf den Vorschlag eingegangen wäre, der – soviel ich weiß – aus den Reihen Ihres Verbandes und womöglich sogar von Ihnen selbst, Herr Bußtag, seinerzeit in die Debatte geworfen worden war, nämlich: Zur Finanzierung der

Pflegeversicherung solle jeder Deutsche doch einfach bereit sein, drei Tage früher zu sterben.

Das täte Ihnen auf den Oppositionsbänken übrigens auch mal ganz gut! Stattdessen hat es jetzt Sie erwischt. Nun ja, so ist das Leben.

Mir bleibt da nur noch, Ihnen ein fröhliches Dahinsiechen zu wünschen auf Ihrem persönlichen Pflegeheim-Platz in Sachsen, wo Sie bei König Kurt dem Biedenköpfigen auf Ihre alten Tage ja noch ein wenig Buß- und Bettag spielen dürfen.

In diesem Sinne noch einmal: Danke sehr! Und Byebye!

Der 1. Weihnachtstag: Herzlichen Dank auch für diese Worte. Nun, lieber Buß- und Bettag, ich sehe es dir an: Du wartest noch auf etwas.

Wenn der 1. Weihnachtstag erscheint, gibt es natürlich immer auch ein Geschenk. Ein Geschenk, mit dem wir die schöne Bescherung krönen wollen, die wir dir heute in unserem Kreise bereitet haben.

Diese Stimmpfeife – ist für dich.

Tja, liebe Feiertage, da wundert sich jetzt vielleicht der eine oder andere: Stimmpfeife? Buß- und Bettag? Aber haben wir ihn denn wirklich gekannt, unseren Bruder? Die meisten haben ja nie genau hingeschaut, wenn vom Buß- und Bettag die Rede war. Dachten, an dem sei ja nun wirklich nicht viel dran. Der hocke einsam und ohne Lobby auf seinem trüben Kalenderplatz. Kein Krippenkind, das ihn wichtig machte, kein Osterhase, keine Fahne, ja, nicht einmal eine Pappnase.

Aber haben Sie gewusst, dass unser Bruder Buß- und Bettag über all die Jahre auch ein heimlicher Blues- und Beat-Tag war? Ja! Jetzt, bei seinem Abschied ist es erst richtig herausgekommen. An langen trüben November-Nachmittagen bei langweiligem Fernseh-Programm ist er seinem musikalischen Hobby nach-gegangen und hat melancholische Lieder gesungen.

Zum Abschluss unserer kleinen Feier, so hat er mich wissen lassen, möchte er selbst uns nun eines seiner November-Lieder vortragen. Ein bewegendes Poem, in dem er sich und sein Verschwinden besingt und das uns noch einmal spüren lässt, was wir mit ihm verlieren.

Bitte sehr, lieber Bruder!

Der Buß- und Bettag *(singt zur Melodie von »Autumn Leaves«):*

Ein Mittwoch grau,
Die Blätter treiben,
Der Regen rinnt
Hinab zum Fluss.

Die Stadt ist hell,
Die Menschen hetzen,
Überall Stau
Vor Ladenschluss.

Weihnachtsbuden schon,
Glühwein auch:
Schwindel im Kopf,
und Stress im Bauch.

Oh, wie sehr fehlt diesem Land
ein Bußtag,
voll Winter-Melancholie.

Dieser und der folgende Text sind entstanden unter Mitar-
beit von Friedrich Behmenburg.

Et hätt noch immer jot jejange (1997)

Wenn man die Tagesschau *anmacht: Probleme über Probleme in der Welt. Wenn man die Pfarrer reden hört auf ihren Synoden: Probleme über Probleme auch in der Kirche. Der Herr Jesus hat zwar immer gesagt: »Sorget nicht.« Aber der hatte ja auch gut reden: Damals gab es noch keine* Tagesschau *und keine synodalen Plenumsdebatten. Einer der Wenigen, die doch wohl etwas verstanden haben von dem, was der Herr Jesus da gesagt hat, das ist der Rheinländer. Der sagt nämlich, wenn man ihm mit Problemen kommt, in der Regel: »Och – et hätt noch immer jot jejange.« Diesem wunderbaren rheinischen Glaubensbekenntnis ist die folgende Büttenrede gewidmet.*

1. Für die Kirche in Deutschland, so hört man es sagen,
hätt' bald das letzte Stündlein geschlagen.
Die Kassen seien leer, die Aussichten trübe.
Von den Medien gäb's neuerdings auch nur noch Hiebe.
Die Bischöfe würden statt Luthers Thesen
lieber Kienbaums Marketing-Handbücher lesen.
Auch die meisten Kreise seien greise und schlapp.
Mit dem Gottesvolk ging's wohl endgültig bergab.
Doch hätt' man den KLÜNGELBEUTEL gefragt,
der hätte was ganz was Andres gesagt.
Schluss! hätt' der gesagt, jetzt mit Jammern und
    Munkeln.
Hört, wie wir im Rheinland die Frohbotschaft
    schunkeln:

Et hätt noch immer jotjejange.
Wat soll denn dä janze Krawall.
Mir maache uns d'r Arsch nit bange.
För uns is dat alles nur Karneval.

2. So manch einer mosert und findet es misslich,
doch das Deutschland von heute ist kaum noch christlich.
Die Ossis sind fast alle ausgetreten,
die Zuwanderer tun lieber zu Allah beten,
germanische Götter sind wieder in,
und so manch einer sucht in den Sternen nach Sinn.
Bibel und Katechismus? Das war ma.
Heut liest der Deutsche den Dalai Lama.
Der Glaube im Land, er wird immer bunter.
Und die Kirche, die arme – geht sie dann jetzt unter?
Doch wem einst die Mission selbst der Kölner gelang,
den machen auch Ashram und Pendel nicht bang.

Et hätt noch immer jotjejange.
Wat soll denn dä janze Krawall.
Mir maache uns d'r Arsch nit bange.
För uns is dat alles nur Karneval.

3. Wer den ganzen Tag Horror und Hektik mag,
der fährt auch sehr gern auf den Kirchentag.
Von morgens bis abends Menschen in Massen,
und alle befürchten sie, was zu verpassen.
Die Nacht kaum geschlafen, Toilette nie frei,
Kaffee kriegt man auch nicht: keine Tasse dabei!

Dann die Bahn überfüllt und kein Mittagessen,
Vortrag fällt aus und Programmheft vergessen.
Bei Käßmann war voll, der Marx krank im Bett -
jetzt bleibt dir nur noch das Kabarett.
Doch hier endlich hat dich das Schicksal versöhnt,
hier hast du geschunkelt und mit uns getönt:

    Et hätt noch immer jotjejange.
    Wat soll denn dä janze Krawall.
    Mir maache uns d'r Arsch nit bange.
    För uns is dat alles nur Karneval.

4. An einem tut unsere Kirche nicht kranken:
an Theologieprofessoren, die zanken.
Neulich erst ging Doktor Lüdemann
an unser Bekenntnis recht rüde ran.
In allerlei Talkshows behauptete er:
Das Grab vom Herrn Jesus, das war gar nicht leer!
Und darum hätten auch wir nix zu hoffen.
Kein Gabriel macht' unsern Sargdeckel offen.
Am Ende gäb's nur noch die ewige Nacht.
Wer tot sei, hätt' endgültig ausgelacht.
Doch glauben wir nicht an solcherlei Phrasen.
Denn was wird die letzte Posaune einst blasen:

    Et hätt noch immer jotjejange.
    Wat soll denn dä janze Krawall.
    Mir maache uns d'r Arsch nit bange.
    Et kütt jetz d'r himmlische Karneval.

Hallo Schaf, ruf mal Alaaf! (2000)
• Dem biblischen Propheten Jona gewidmet •

Die Christenleute machen
viele Sachen,
doch mit Lachen
haben die
so gut wie nie
mal was am Hut.
Alle Witze, auch die schlichten,
in den biblischen
Geschichten
zu vernichten,
dafür sind sie immer gut.
Selbst die Anekdote
mit dem Jona,
diese Schote,
nutzen sie nur für Gebote,
denn für lustig fehlt die Quote.
Dabei geht doch die ganze Kirchen-Chose
in die Hose
und ist alles Quatsch mit Soße
ohne Lachen, ohne Spaß,
alles bieder, alles brav,
total nach Paragraph.
Hallo, Schaf:
Ruf mal: Alaaf!

Egon und die letzte Reise (2001)

(Egon betritt Bühne mit Plastiktüte und Buch, liest)

HIER RUHT DER BALGENTRETER KNUST,
VERSAH DIE ORGEL STETS MIT PUST,
BIS DASS DER SELIGE TOD GEKOMMEN
UND HAT DEM KNUST DIE PUST GENOMMEN.

(blättert, liest weiter)

DEN PFARRER SEDULIM
VERSCHLIESSET DIESES GRAB.
GOTT, GIB DEN SCHLUMMER IHM,
DEN ER DEN HÖRERN GAB.

Das ist gut. Das könnte man heute auch noch verwenden. Obwohl – heute macht man so was ja gar nicht mehr: so Grabinschriften. Leider. Aber früher – steht hier alles drin. Das war übrigens mal eine wichtige Aufgabe der Pastoren und Lehrer. Die mussten sich immer die Grabinschriften ausdenken für die Leute. *(liest)*

UNTER DIESEM RASEN
LIEGT DER VERSOFFENE KUPFERSCHMIED NASEN.

Ja, da muss man diesen Herrn Nasen doch wohl gekannt haben und sicherlich auch das eine oder andere Kölsch mit ihm – sonst kommt man ja nicht auf so was.

Aber bei uns heute, da steht ja fast gar nichts mehr drauf auf dem Grabstein. Und selbst Grabsteine hat man ja schon längst nicht mehr überall.

Heute denken die Leute in diesen Dingen immer so vernünftig. Da vererben sie lieber ihr ganzes Geld an die Enkel, die sowieso schon alles haben. Statt dass sie sich mal beizeiten einen richtig schönen Grabstein aussuchen – ich meine, der kann doch ruhig was kosten. Den hat man doch für länger! Und dann überlegt man sich noch so einen schönen Spruch, der da mal drauf soll, wie zum Beispiel den hier, mein Lieblingsspruch *(liest)*:

UNTER DIESEM STEINE
LIEGEN MEINE GEBEINE.
ICH WOLLT', ES WÄREN DEINE.

Aber bei uns heute da wollen die Leute am liebsten gar nichts mehr von sich mitteilen. Viele sparen sich jetzt ja sogar schon den Namen! 20 %, so hab ich gelesen, lassen sich bei uns jetzt schon komplett anonym bestatten. 20 %! Jeder Fünfte! Das muss man sich mal vorstellen.

Kein Grab. Kein Name. Kein Stein. Nix.

Sehen Sie mal: In *Russland*, da trifft sich an Ostern die ganze Familie auf dem Friedhof. Direkt oben auf den Gräbern von ihren Angehörigen treffen die sich. Und dann machen die da Picknick. Das ist bei denen so üblich. Da wird dann Wodka gepichelt und Ostereier gefuttert, bis – na ja, man kennt ja diese Russen. Das ist bei denen Ostern.

Oder in *Südafrika*: Da haben die doch damals sogar dieses Apartheid-Regime gestürzt mit ihren Protest-Beerdigungen. Und in *New Orleans* haben sie auf dem Weg zum Friedhof sogar den Jazz erfunden. Ja, diese Blaskapellen, die da immer vor dem Sarg herzogen und die Musik gemacht haben. Das war dann immer ein bisschen traurig, weil ja einer gestorben war, aber dann auch wieder ein bisschen fröhlich, weil man es ja nicht selber war – und daraus ist dann der Jazz entstanden.

Überall haben sie ihre Beerdigungskultur. Und wir?! Wir lassen uns nur noch anonym einbuddeln?!

Und das sogar bei mir in Köln?!

Mit seiner ganzen wunderbaren Reliquiengeschichte, auf die man früher immer so stolz war: die Heiligen Drei Könige im Dom und was da noch so alles an heiligen Knochen in den Kölner Altären eingemauert ist. Ja, quasi in jedem Altar bei uns ist was drin. Das war im Mittelalter mal die knochenintensivste Region nördlich der Alpen!

Aber vielleicht ist es ja auch noch gar nicht zu spät. Ich sag immer: Wenn jeder von uns seinen Teil … Wie ist es zum Beispiel jetzt mit Ihnen? Ich frag mal gerade: Ist ein Arzt im Publikum? Ah, da – ja, schön. Für Sie hätte ich jedenfalls hier schon mal was *(liest)*:

Hier ruht der liebe Arzt Herr Frumm.
Und die er heilte rings herum.

Gut, Sie heißen wohl nicht Frumm. Aber als Anregung ist das doch schon mal nicht schlecht, oder?

Ja, und ich selber, ich muss ja jetzt auch noch ...
(guckt in Plastiktüte)

Habe ich Ihnen eigentlich jetzt schon erzählt von unserer Kaffeefahrt ins Krematorium? – Doch, das gibt's! – Zweimal im Jahr: Mit dem Reisebus von Leverkusen nach Holland ins Krematorium.

Ja, und wieder zurück natürlich.

Und das war auch wirklich sehr interessant da drin. Sehr interessant. Eine richtige Führung hatten wir da: In den großen Ofen konnten wir gucken, und dann in den Raum, wo die Herzschrittmacher entfernt werden – ja, das muss: weil: 1000 Grad, da explodieren die sonst. Und dann im Keller unten das große Urnenlager – ja, und da ist es dann passiert.

Also, Sie müssen wissen: Meine Tante Helene, die habe ich ja nicht mehr gesehen – ach, ich weiß nicht seit wieviel Jahren. Es hieß immer, sie sei jetzt nur noch in Mallorca.

Also jedenfalls, wie wir da in dem Urnenlager von diesem Krematorium stehen, da zeigt uns unser Führer diese ganzen Wände, alles voll mit Urnen, alle vorne immer mit so einem Namensschild dran, wer das mal war. Ja, und ganz zum Schluss sagt er: Hier diese Wand, das sind die nicht abgeholten.

Was? Sag ich.

Ja, sagt er, das machen längst nicht mehr alle, dass sie die Asche ihrer Angehörigen, wenn wir die verbrannt haben, dass sie die auch wieder abholen. Wir schreiben die

dann zwar immer wieder an, sagt er, aber was wollen Sie machen? Das ist für diese Leute dann wahrscheinlich die billigste Entsorgung. Und vom Gesetz her dürfen wir ja nichts wegschmeißen.

Ich denk noch: Mein Gott, was sind das heute bloß für Menschen?!

Da lese ich auf einmal auf einer Urne direkt vor meiner Nase: »Helene Hansen«.

Helene Hansen! Tante Helene? Du hier?

O Gott, nur gut, dass das der Onkel Karl nicht mehr erlebt hat!

Ja, und dann hab ich – also, es war so ein Reflex, und ich war quasi auch allein in dem Raum, als ich – also jedenfalls habe ich Tante Helene dann – eingesteckt.

(holt Urne hervor aus Plastiktüte)

Hier, das ist sie.

Also, nein, ich meine: nein! *(Urne wieder rein)*

Also, es war so: Wie ich da an dem Tag nach Hause komm – ich bin kaum durch die Tür, da sagt meine Frau zu mir:

»Hallo Egon, wir haben eine ganz tolle Einladung gekriegt. Zu einem 80. Geburtstag. Nach Mallorca. Jetzt rate doch mal, wer heute Morgen angerufen hat?«

Ich sag': »Doch nicht etwa Tante Helene?« Und mir wurd ganz schummerig.

»Doch«, sagt sie. »Genau die. Super, ne?«

»Ja«, sag ich, »super. Und wer ist dann jetzt das hier?« *(zeigt Urne)*

»Oh«, sagt sie und guckt auf das Namensschild, »jedenfalls nicht deine Tante Helene Hansen. Egon«, sagt sie, »ich glaube, du hast da jetzt ein Problem.«

Ja, und seitdem laufe ich jetzt überall mit dieser Urne rum. Ich erzähle den Leuten dann immer so ein bisschen die Geschichte und hoffe natürlich, dass mal irgendwann jemand dabei ist, der diese Helene Hansen kennt und – sie haben will, also, damit sie richtig unter die Erde kommt. *(guckt)* Hier jetzt also auch wieder nicht?!

(zur Urne) Ja, Frau Helene, tut mir leid, dass Ihre letzte Reise jetzt so lang geworden ist. Aber ist ja vielleicht immer noch besser als in dem Keller-Regal von dem Krematorium versauern, oder? So kommen Sie noch ein bisschen rum in der Welt.

Neulich, da waren wir zusammen im Zoo. Da habe ich gedacht: Schön hier! Und ich habe gleich bei mir überlegt: Wenn diese Helene Hansen früher mal Tierpflegerin war, wäre ja möglich, was könnten die Angehörigen dann mal auf ihren Grabstein schreiben? Und dann habe ich selber auch schon mal gleich was gedichtet:

Tiger, Bären und Schimpansen
Weinten sehr ob dieser Kunde:
Die Pflegerin Helene Hansen,
Sie ging nun vor die Hunde.

Oder als wir jetzt im Reisebüro waren, um den Flug nach Mallorca zu buchen, da habe ich überlegt: Vielleicht hat diese Frau Hansen ja auch mal so ein schönes Reisebüro gehabt. Und dann könnte man schreiben:

Bei Hansen-Tours war sie die Frau,
Die stets an alles dachte.
Nun braucht sie Gottes Visum,
Weil sie den Abflug machte.

Na ja, und wenn es wirklich hart auf hart kommt, und ich gar keinen finde, der sie haben will, dann werde ich sie eben am Ende selber beisetzen lassen. Und dann kriegt sie von mir einen Stein und auch einen Spruch – egal, auch wenn das acht Euro kostet für jeden Buchstaben, wie der Steinmetz sagt.

Ich weiß noch nicht genau, was ich schreiben soll, vielleicht so was:

DIES IST HELENE HANSENS GRAB,
DIE KEINER WOLLTE, ALS SIE STARB.
NUN HAT SIE'S HIER EIN BISSCHEN GUT,
WEIL HIER EIN SPRUCH IHR GELTEN TUT.

Ja. Irgendwie so was. – Doch, das mach ich.

Ach, so: Meine Frau hat übrigens jetzt auch was gedichtet. Für mich. Also jetzt, falls ich mal vor ihr –

»Nee«, sagt sie, »da nehme ich nix aus dem Buch. Da
mache ich selber was.«

Und dann hat sie mir das aufgesagt. Das ging so:

Also – Entschuldigung, ich muss dabei immer ein
bisschen schlucken, wenn ich mir das so vorstelle. Aber
nützt ja nix. Wir müssen ja alle mal dahin.

Also. Ihr Spruch für mich:

EGON WAR MEIN HIMMELSSTÜRMER.
JETZT IST ER FUTTER FÜR DIE WÜRMER.
HERR JESUS, LASS IHN EINST ERWACHEN.
DANN KRIEGT DER HIMMEL WAS ZU LACHEN.

(ab mit Urne)

The Gospel train's a-comin' (2002)
oder: Auf der Kirchen-Eisenbahne

1. Auf der Kirchen-Eisenbahne
wollten viele Leut' schon fahren.
Dachten: Das is' nich' verkehrt,
wenn man mit beim Herrgott fährt.
Rula, rula, rulalá,
rula, rula, rulalá.
Dachten: Das is' nich' verkehrt,
wenn man mit beim Herrgott fährt.

2. Doch im Zug den Passagieren
prüft man ständig Herz und Nieren.
Flugs wird jeder, der nicht nickt,
Zur Inquisition geschickt.
Rula, rula, rulalá, rula, rula, rulalá.
Flugs wird jeder, der nicht nickt,
zur Inquisition geschickt.

3. Nahm der Zug die falschen Weichen
führte das zu toten Leichen.
Ketzer, Juden und die Frau'n
tat man mit dem Kreuz verhau'n.
Rula, rula, rulalá, rula, rula, rulalá.
Ketzer, Juden und die Frau'n
tat man mit dem Kreuz verhau'n.

4. In dem Reich des Muselmanen
fehlten die christlichen Bahnen.
Jesses! hat der Papst gesagt,
und 'nen Kreuzzug hingemacht.
Rula, rula, rulalá, rula, rula, rulalá.
Jesses! hat der Papst gesagt,
und 'nen Kreuzzug hingemacht.

5. Später blieb der Zug oft halten,
denn man tat die Kirche spalten:
Luther, Römer, orthodox
und noch ganz viel Kleingesox.
Rula, rula, rulalá, rula, rula, rulalá.
Luther, Römer, orthodox
und noch ganz viel Kleingesocks.

6. Heute muss der Zug arg schnaufen.
Keiner will mehr Tickets kaufen.
Bald ist auch die Kohle aus.
Endstation und alles raus.
Rula, rula, rulalá,
ru laa, ruuuu-laaa, ruuu …

Ich mach das schon (2002)
Das Lied des Ehrenamtes

»Willst du froh und glücklich leben,
lass kein Ehrenamt dir geben.
Willst du nicht zu früh ins Grab,
lehne jedes Amt gleich ab.«

Nein, das ist nicht von KLÜNGELBEUTEL. Wilhelm Busch hat das gedichtet, schon vor über 100 Jahren.

Nichtsdestoweniger gibt es bis heute immer noch Leute, die es trotzdem tun. Die es einfach immer wieder tun: Ehrenamtliche. Für die ist dieses Stück gedichtet: das Lied des Ehrenamts *(zu singen auf die Melodie »Something stupid«, in der Version von Frank und Nancy Sinatra).*

1. Ich helfe gerne, wenn ich kann.
Drum ruft man mich auch ständig an:
»Hab'n Sie mal Zeit?«
»Wer kocht für uns beim Festbankett?«
»Wir sind noch nicht im Internet:
Wär'n Sie bereit?«
Ich schreibe und ich lauf und
ich hör zu und ich tu
alles nur für Gotteslohn.
 Man braucht mich nur zu fragen.
Und sogleich hör ich mich sagen:
»Ich mach das schon.«

2. Am Samstag war ich wieder mal
zum Essen aus in dem Lokal,
wo's mir so schmeckt.
Ich war dabei auch nicht allein.
Ein Festmenü im Kerzenschein.
Es war perfekt.
Wir wollten grad zu mir.
Doch plötzlich steht da in der Tür
pitschnass der Küsterssohn.
In der Kirche brach ein Rohr.
Und wieder bricht's aus mir hervor:
»Ich mach das schon.«

    »Sag mal, bist du noch ganz dicht?«
    so fragt man mich,
    und ich weiß nicht,
    was ich da sagen soll.
    Ehrenamt ist nicht mehr in.
    Wo ist der Sinn?
    Ja, vielleicht bin
    ich nur ein bißchen doll.

4. Doch einmal jedes Jahr
da gibt es für die ganze Schar
der Ehrenamtler ein Fest.
Da wird was investiert,
uns was serviert,
was uns den Dank auch einmal spüren läßt.
Zum Abschluss holt man – o wie nett! –

für uns sogar ein Kabarett
als Attraktion.
Nur zum Aufräumen am Ende
fehlt der Plan und ein paar Hände.
»Ich mach das schon.«

»Sag mal, bist du noch ganz dicht?«
so fragt man mich,
und ich weiß nicht,
was ich da sagen soll.
Ehrenamt ist nicht mehr in.
Wo ist der Sinn?
Ja, vielleicht bin
ich nur ein bißchen doll.

6. So sitz ich nun beim Therapeut
und lern das Zauberwort von heut':
Das Wort, es heißt »Nein!«
Egal wer jammert: Ich bleib still.
Ich tu jetzt nur noch, was ich will.
Den Rest lass ich sein.
Das werd ich jetzt am besten
gleich mal testen.
Denn schon wieder piept mein Telefon:
Ach so, zwei Waisenkinder.
– Ohne Obdach. – Auch noch Inder.
Ich mach das schon.
Ich mach das schon.

Zwei Auslegungen
biblischer Wochensprüche (2008)

Wochenspruch für den 9. Sonntag nach Trinitatis

»Wem viel gegeben ist, bei dem wird man viel suchen; und wem viel anvertraut ist, von dem wird man umso mehr fordern.« (Lukas 12,48)

Moderator: Herr Dr. Kohl, Sie haben den angesehenen »Verkörperungspreis für den 9. Sonntag nach Trinitatis« erhalten, den die Bundesvereinigung christlicher Millionäre alljährlich vergibt.

Dr. Kohl: Ach, hab ich das? Und wofür?

Moderator: Für Ihr Lebenswerk in der Darstellung des biblischen Wochenspruches: »Wem viel gegeben ist, bei dem wird man viel suchen …«

Dr. Kohl: Ja, da sagen Sie was!

Moderator: »… und wem viel anvertraut ist, von dem wird man umso mehr fordern.«

Dr. Kohl: Ja, immer diese Forderungen! Schrecklich. Gut, dass die Kirche endlich mal einen Spruch für die Reichen gemacht hat. Die Reichen, die sind nämlich – Wissen Sie das überhaupt? –, die sind nämlich ziemlich arm dran.

Moderator: Aha?

Dr. Kohl: Allein schon die Steuern, die sie zahlen müssen! Die müssen so unglaublich viel Steuern zahlen, dass sie am Ende fast nicht mehr satt zu essen kriegen. Was meinen Sie, warum so viele Millionäre bei Aldi in der Schlange stehen?

Moderator: Ich dachte, weil die alle so knickerig sind?

Dr. Kohl: Quatsch. Die haben Hunger! – Waren Sie mal in einem Fünf-Sterne-Restaurant? Da liegt fast nichts mehr auf Ihrem Teller! *(weint ein wenig)*

Moderator: Das tut mir leid, Herr Dr. Kohl. Jetzt verstehe ich auch endlich, warum die Gesichter unserer Spitzenverdiener immer so unendlich gequält und gebeutelt aussehen. Aber da ist der »9. Sonntag nach Trinitatis«-Preis doch sicher ein Trost für Sie und Ihre Reichen?

Dr. Kohl: Ja, das ist er. *(fasst sich wieder)* Wie hieß der Satz noch mal?

Moderator: »Wem viel gegeben ist, bei dem wird man viel suchen.«

Dr. Kohl: Ja, das ist wirklich gut: Sollen sie doch suchen! Wichtig ist, dass sie bei uns nichts finden.

Moderator: Man hat Ihnen ja angeblich viele Spenden gegeben.

Dr. Kohl: Ja, so weit ist es schon gekommen in Deutschland, dass wir auf Spenden angewiesen sind. *(weint wieder)*

Moderator: Und man hat auch viel gesucht danach. Gerade bei Ihnen.

Dr. Kohl: Aber man hat nichts gefunden! *(strahlt)*

Moderator: Deswegen ja auch der diesjährige »Verkörperungspreis«, denke ich.

Dr. Kohl: »Wem viel gegeben ist, bei dem darf man nichts finden.« Gefällt mir gut, der Satz. – Aber sagen Sie mal: Hat nicht die Kirche da gerade auch ein paar Finanzprobleme?

Moderator: Ja, in der Tat, erhebliche.

Dr. Kohl: Also, unter uns: Ich könnte Ihnen da gerne ein paar Tipps geben. Spenden kriegen Sie doch auch immer …

Wochenspruch für den 18. Sonntag nach Trinitatis

»Das Gebot haben wir von ihm, dass, wer Gott liebt, dass der auch seinen Bruder liebt.« (1. Johannes 4,21)

Bis hierher hatte er soweit alles verstanden. Gottes Sohn, die Dreieinigkeit, sogar das mit der Gottesmutter hatte er am Ende einigermaßen auf die Reihe gekriegt. Und nun ganz zuletzt, wenige Tage vor seiner Konfirmation, dieser Hammer! Dieser Konfirmationsspruch, den der Pastor da für ihn ausgesucht hatte: Sein ganzes christliches Personengebäude, in das er sich so mühsam eingearbeitet hatte, brachte er ins Wanken, nein, schlimmer: zum Einsturz.

Gott hatte einen Bruder!

»Das Gebot haben wir von ihm, dass, wer Gott liebt, dass der auch seinen Bruder liebt.«

Er hatte den Pastor natürlich gleich gefragt: »Herr Pastor, wer ist das: Gottes Bruder? Von dem haben Sie mir vorher noch nie etwas erzählt.«

Aber der Pastor hatte ihn nur böse angeguckt und in gereiztem Ton geantwortet: »Reiß dich zusammen, ja? Wenn du mich provozieren willst, dann wird das nichts mit der Konfirmation nächsten Sonntag.«

Auf dem Heimweg vom Unterricht hatte er dann die Frau des Pastors gefragt, die gerade vor der Garage ihr Auto wusch. »Frau Pastor, Ihr Mann hat gesagt, Gott hat einen Bruder. Können Sie mir vielleicht erklären -«

Weiter war er nicht gekommen. Denn gleich hatte die Pfarrersfrau ihn angeblafft: »So! Hat er das gesagt? Na, das ist ja mal wieder typisch. Als wenn es nicht schon genug Herren gäbe im Himmel dieser Männerkirche.« Und dann hatte sie sich wieder der Pflege ihres Sportwagens zugewandt.

In seiner Ratlosigkeit war er dann zu dem Juwelier an der Ecke gegangen. Der war der Bruder des Pfarrers. Vielleicht könnte der ihm etwas über den Bruder Gottes sagen?

»Gottes Bruder? So ein Quatsch! Im Himmel gibt es Wolken und Ozonlöcher, und auf der Erde viele Dummschwätzer wie meinen Bruder. Troll dich!«

Und da machte es auf einmal Klick bei ihm – und er begann zu verstehen: Dieser Spruch, das war vielleicht seine Aufgabe!? Wollte der Pastor ihm mit diesem Spruch womöglich für seinen weiteren Weg seine ganz persönliche Glaubens-Aufgabe zuweisen?!

Davor wollte er dann auch nicht weglaufen.

Und so beschloss er: Er wollte fortan ganz fest an Gottes Bruder glauben.

An den Gott, den keiner kannte, den keiner haben wollte, der keinen Namen hatte.

An den Gott, von dem man nichts wusste, außer, dass er der Bruder des allseits bekannten Gottes war.

An den wollte er von nun an glauben und ihn lieben.

Elf Tage Karneval (2011)
Eine Einführung für interessierte Nicht-Kölner*

(zu singen auf die Melodie »The twelve days of Christmas«)

Am 1. Tag von Karneval,
da schenk ich meinem Schatz
1 knallbuntes Lappenclownkostüm.

Am 2. Tag von Karneval,
da schenk ich meinem Schatz
2 Stangen Kölsch
– und 1 knallbuntes Lappenclownkostüm.

Am 3. Tag von Karneval,
da schenk ich meinem Schatz
3 Kölle Alaaf!
2 Stangen Kölsch
– und 1 knallbuntes Lappenclownkostüm.

Am 4. Tag von Karneval,
da schenk ich meinem Schatz
4 fette Flönz,
3 Kölle Alaaf!
2 Stangen Kölsch
– und 1 knallbuntes Lappenclownkostüm.

* Auch als Video auf www.kluengelbeutel.de.

Am 5. Tag von Karneval,
da schenk ich meinem Schatz
5 decke Trumm,
4 fette Flönz,
3 Kölle Alaaf!
2 Stangen Kölsch
– und 1 knallbuntes Lappenclownkostüm.

Am 6. Tag von Karneval,
da schenk ich meinem Schatz
6 lecker Bützche,
5 decke Trumm,
4 fette Flönz,
3 Kölle Alaaf!
2 Stangen Kölsch
– und 1 knallbuntes Lappenclownkostüm.

Am 7. Tag von Karneval,
da schenk ich meinem Schatz
7 rote Nasen,
6 lecker Bützche,
5 decke Trumm,
4 fette Flönz,
3 Kölle Alaaf!
2 Stangen Kölsch
– und 1 knallbuntes Lappenclownkostüm.

Am 8. Tag von Karneval,
da schenk ich meinem Schatz

8 Mottolieder,
7 rote Nasen,
6 lecker Bützche,
5 decke Trumm,
4 fette Flönz,
3 Kölle Alaaf!
2 Stangen Kölsch
– und 1 knallbuntes Lappenclownkostüm.

Am 9. Tag von Karneval,
da schenk ich meinem Schatz
9 Präsidenten,
8 Mottolieder,
7 rote Nasen,
6 lecker Bützche,
5 decke Trumm,
4 fette Flönz,
3 Kölle Alaaf!
2 Stangen Kölsch
– und 1 knallbuntes Lappenclownkostüm.

Am 10. Tag von Karneval,
da schenk ich meinem Schatz
10 Sack Kamelle,
9 Präsidenten,
8 Mottolieder,
7 rote Nasen,
6 lecker Bützche,
5 decke Trumm,

4 fette Flönz,
3 Kölle Alaaf!
2 Stangen Kölsch
– und 1 knallbuntes Lappenclownkostüm.

Am 11. Tag von Karneval,
da schenk ich meinem Schatz
11 Veedelszüge,
10 Sack Kamelle,
9 Präsidenten,
8 Mottolieder,
7 rote Nasen,
6 lecker Bützche,
5 decke Trumm,
4 fette Flönz,
3 Kölle Alaaf!
2 Stangen Kölsch
– und 1 knallbuntes Lappenclownkostüm.

NKF oder: Nullen können furzen (2011)

Meine drei liebsten Abkürzungen in der Kirche, früher waren das: NT, AT und DbddhkPsAv.

Aber jetzt habe ich einen neuen Liebling: NKF – Neues kirchliches Finanzwesen.

Ja, klar. Jetzt gucken natürlich die meisten verständnislos.

Und genauso habe ich ja auch geguckt, als ich vor ein paar Wochen diese Buchstaben-Kombination zum ersten Mal gehört habe. Aber dann hat mein Freund – der ist Presbyter in einer Kirchengemeinde – mir das alles mal erklärt. Hat zwar 7 Stunden gedauert, aber danach habe ich nur noch gesagt: Wahnsinn!

Ja, und jetzt bin ich auch ein totaler Fan von diesem – NKF.

Was ich zum Beispiel als allererstes schon mal total klasse finde dabei, das ist: dass ein so großartiges Projekt so bescheiden daherkommt. Wenn man die vom Landeskirchenamt darüber reden hört, dann sagen die immer nur: »NKF – das ist doch nichts Großes. Das ist doch im Grunde nur die Umstellung der kirchlichen Haushalte auf die kaufmännische Buchführung. Wie sie bei Wirtschaftsunternehmen üblich ist.«

Das klingt ja erst mal nach nicht viel, oder?

Aber dahinter steht so etwas wie die großartigste gewaltfreie Revolution, die unsere Kirche seit dem Mauerfall erlebt hat:

Aus Haushaltsplänen werden Gewinn- und Verlust-Bilanzen. Aus Planwirtschaft wird Marktwirtschaft! Aus Honecker wird Ackermann! Und das in der Kirche! Das muss man sich mal vorstellen.

Endlich ist auch die Kirche keine Insel der Ewiggestrigen mehr. Endlich gibt auch die Kirche zu, dass es nichts mehr gibt heutzutage unter Gottes Sonne, das man nicht mit Plus- und Minus-Zeichen versehen und in Excel-Tabellen eintragen kann.

Wie viel kostet uns ein Fürbittengebet? Wie viel ein Seelsorgegespräch? Wie teuer kommt uns eine ausgefallene Chorstunde? Mit NKF wird man das alles wissen.

Und natürlich auch umgekehrt, für die Gewinnspalten: Wie viel können wir uns gut buchen, wenn das Seelsorgegespräch von einer Presbyterin geführt wird, die das ehrenamtlich macht?

Und für Fortgeschrittene dann: Was steht am Ende in unserer Bilanz, wenn aufgrund eines misslungenen Gesprächs der ehrenamtlichen Presbyterin hinterher der hauptamtliche Pfarrer dafür beten muss, dass die nächste Chorstunde nicht ausfällt?

So was will man doch wissen!

Und nicht nur wir! Auch das Landeskirchenamt.

Denn mit NKF werden bei jeder Buchung demnächst viel mehr Daten erfasst als bisher. Und weil das Ganze ja von vornherein zentralisiert konzipiert ist, ergibt sich für die Zentrale jetzt endlich auch die wunderbare Möglichkeit der zentralen Auswertung aller finanzrelevanten Daten.

Ist das nicht super?

Endlich kann Düsseldorf dann jeder Gemeinde quasi bis ins Schlafzimmer gucken! Und auch noch unter die Bettdecke! Und wenn sie sich ein bisschen clever anstellen: auch noch in die Hose! Google Church View – wow!

So modern waren wir noch nie.

Ja, aber um so eine moderne Kirche zu werden, muss man natürlich auch ein bisschen Geld in die Hand nehmen. Da darf man jetzt nicht anfangen zu knausern.

Und ich bin sehr erleichtert, dass ich Ihnen die frohe Kunde sagen darf:

Die in Düsseldorf haben die 6 Millionen Euro, die sie dafür einkalkuliert hatten (also jetzt natürlich nur für die Einführungsphase), sie haben diese 6 Millionen jetzt noch mal ein bisschen, wie soll ich sagen: neu interpretiert und kreativ erweitert.

Von 6 Millionen auf, nein, nicht auf 6,5. Auch nicht auf 6,8 oder 7. Sondern gleich richtig: auf – Bingo! – mit einem Schlag – Jackpot! – gleich auf – Klingelingeling! – 18 Millionen!

Toll, nicht?! Da merkt man gleich: Es weht schon ein Hauch von großer Finanzwelt durch die Amtsflure der kirchlichen Bürokratie.

Und – klar: Richtig teuer im Vergleich zu jetzt wird dann natürlich auch später das tägliche Buchen all dieser schönen neuen Datensätze.

Mit anderen Worten: Das kirchliche Geld ist dann in Zukunft zunehmend dafür da, die Verwaltung seiner selbst zu finanzieren.

Die Gemeinden kriegen daher in Zukunft noch weniger Geld für die eigentliche kirchliche Arbeit. Aber dank NKF ist das Geld, das bei den Gemeinden dann nicht mehr da ist, woanders dafür da, auch mal für sich selber da zu sein. Und das hat es doch auch mal verdient, das Geld, oder?

Und dabei werden dann auch immer wieder so wundersame Phänomene entstehen wie: Eine Spende, die zu buchen teurer ist als das, was die Spende gespendet hat.

Toll, nicht? Eine Buchung, die mehr kostet als der Betrag, den sie bucht, und die sich daher zusätzlich noch was leihen muss, um sich als sich selbst, also als Buchung, überhaupt zu rechnen!

Ja, das sind metaphysische Tiefen! Die Sühneopfertheologie der mittelalterlichen Scholastik ist nichts dagegen!

Ecclesia semper reformanda, hat schon Martin Luther gesagt. Kirche ist immer reformationsbedürftig.

Auf dem Weg zum großen Reformationsjubiläum 2017 ist das nun ohne Frage *die* Reformation, die die Kirche am dringendsten gebraucht hat und wo sie zu Recht die meiste Man-Power und das meiste Geld für aufgebracht hat: die Reformation ihrer Buchhaltung.

Das schönste Geschenk des neoliberalen Zeitgeistes der nuller Jahre an die Kirche.

Und ein bleibendes Andenken an ihn.

NKF.

Nullen können furzen.

Furzen wir mit!

Fundi-Support (2013)

Fundamentalisten wissen ja immer ganz genau, was richtig ist. Die haben schließlich ihre festgefügten »Fundamente«. Deswegen heißen die so.

Und falls sie in der Kompliziertheit der modernen Welt doch mal an einer Stelle nicht so ganz genau durchblicken, dann ist das auch kein Problem. Denn was sie neben ihren Fundamenten natürlich auch immer noch haben, ist ein ganz direkter Draht nach oben.

Früher lief so was ja meist noch über Gebete.

Heute hat der Himmel für seine religiöse Elite hier unten eine eigene Support-Hotline eingerichtet. Flatrate natürlich für all die Fundamentalisten dieser Welt.

(Klingeln) Sehen Sie, da geht es schon los.

- FUNDI-SUPPORT »DAS LETZTE WORT« – Was kann ich für Sie tun?
- Guten Tag, Mustafa.
- In Köln sind Sie. Auf dem Nippeser Wochenmarkt. Mit einem Sprengstoffgürtel. Ja, schön. Wo ist das Problem?
- Eine allerletzte Frage. Ja, natürlich. Ich höre.
- Halt, Moment – nein, das geht ja gar nicht: Auf dem Nippeser Wochenmarkt, da haben wir doch heute die Salafisten. Die haben da ihren Stand und verschenken Korane. Nein, tut mir leid. Das geht da heute leider nicht.

(Klingeln Apparat 2)

– Aber ich habe schon eine andere Idee, Mustafa. Einen kleinen Moment, bitte.
– FUNDI-SUPPORT »DAS LETZTE WORT« – Was kann ich für Sie tun?
– Sie haben sich verliebt. Ja, schön.
– In Ghana?
– Ach, Veganerin, Entschuldigung. Sie sind Veganerin.
– Ja, doch das weiß ich, dass Veganer nicht nur kein Fleisch essen, sondern auch sonst alles ablehnen, was irgendwie von Tieren stammt: Honig, Eier, Milch, Ledergürtel – aber was hat das jetzt mit Ihrer neuen Liebe zu tun?
– Oh, tatsächlich: Schmetterlinge. – Im Bauch. Nein, das geht jetzt natürlich gar nicht.
– Nein, diese Beziehung können wir auf gar keinen Fall …
– Nein, da sind wir »Das letzte Wort«, wie Sie wissen.
– Und noch eins: Beim Schlussmachen – keine Krokodilstränen, bitte! Ja? Danke.
(zu Apparat 1)
– So, Mustafa, da bin ich wieder. Also, Nippeser Wochenmarkt ist gestrichen.
  Aber sehen Sie da an der Ecke vom Markt diesen Ledersex-Laden?
– Ja, das ist so ein Lokal, wo perverse Deutsche sich auspeitschen lassen. Das wäre doch vielleicht auch was Schönes für Sie und Ihren Gürtel? Mmh? Sehen Sie den?
– Ach, der hat geschlossen.

- Was für ein Schild?
- »Facharbeiter dringend gesucht«.

(Klingeln Apparat 3)

- Ja, aber bleiben Sie bitte noch mal dran, Mustafa. Ich überleg mir was. Moment.
- FUNDI-SUPPORT »DAS LETZTE WORT« – Was kann ich für Sie tun?
- Wer sind Sie? Die Oberbergischen Pietisten, Splitter-gruppe »Keine Miniröcke«. Was es nicht alles gibt. Sind Sie bei uns überhaupt schon gemeldet?
- Nein. Aber ich nehme Sie gerne gleich auf in die Liste.
- So, Sie wollen sich radikalisieren. Im Oberbergischen. Schön. Kann ich Sie nur ermutigen. An was hatten Sie denn da so gedacht?
- Sie haben das Rauchen aufgehört.

- Fast alle.
- Mmh.
- Und im Kino machen Sie die Augen zu, wenn geküsst wird. Ja, doch, das ist schon super. Aber Sie sollten dann bald auch mal was in die Luft sprengen, ja?

(Klingeln Apparat 2)

- Und dann müssen Sie sich auch noch für einen Fundamentalismus entscheiden.
- Das ist mir egal, welchen. Klären Sie das erst mal bitte, ja? Ich muss jetzt Schluss machen.

(zu Apparat 1)

- Ich bin gleich wieder bei Ihnen, Mustafa.

(zu Apparat 2)

- FUNDI-SUPPORT »DAS LETZTE WORT«
- Herr Amadou.
- Al Kaida.
- Aus Mali.
- Studieren jetzt in Köln.
- Sozialpädagogik.
- In Deutschland ist Ihnen zu kalt. Sagen Sie mal, Amadou, warum erzählen Sie mir das alles?
- Ihnen ist langweilig. Doch, ich hab Zeit. Ja, dann erzählen Sie doch mal: Was haben Sie denn in Mali so alles gemacht?
- Scharia, mh.
- Schwule gesteinigt, Bibliotheken angezündet, Ehebrecherinnen ausgepeitscht. Ist doch super. Warum machen Sie damit in Deutschland nicht einfach weiter?
- Ihre Peitsche in Mali vergessen.

– Sagen Sie mal, weinen Sie jetzt?

– Och, ja, wegen der Peitsche, weil es die von Ihrem Großvater war.

Aaah, Herr Amadou! Mir fällt gerade was ein: Ich habe da doch eben was reingekriegt! Ich glaube, das wäre genau was für Sie. Sie kennen doch bestimmt den Nippeser Wochenmarkt?

– Genau, und da ist doch an der Ecke so ein Ledersex-Laden. Ich habe gerade erfahren: Da könnte jemand wie Sie sofort anfangen.

– Ja, doch, die Peitsche kriegen Sie da gestellt! Und das Beste kommt noch: Die Ehebrecher, die da hinkommen, um sich auspeitschen zu lassen, die geben Ihnen am Ende auch noch Geld dafür!

– Ja, tolles Land, Deutschland, ne?

– Bitte schön, gern geschehen. Dafür sind wir doch da.

(zu Apparat 1)

– Mustafa, hören Sie? Der Ledersex-Laden ist für Ihre Himmelfahrt heute jetzt leider auch gestrichen. Da haben wir aktuell gerade einen Kollegen im Einsatz.

– Was? Ach, ja, Ihre allerletzte Frage. Bitte.

(Klingeln Apparat 3)

– Oh, Entschuldigung. Moment noch mal.

– FUNDI-SUPPORT »DAS LETZTE WORT«.

– Ah, die oberbergischen Pietisten wieder.

– Was ist denn das für ein Gekläffe bei Ihnen? Ich versteh' Sie kaum.

– Ah, Sie haben die Hundehütte gesprengt. Von Ihrem Nachbarn.

– Fast. Immerhin, das Dach ist weggeflogen.

– Doch, das ist schon mal ein Schritt. Ich fasse noch mal zusammen: Sie sind gegen Miniröcke, ein paar von Ihnen haben das Rauchen aufgehört, und das Dach einer Hundehütte ist draufgegangen. Ja, doch, das kommt.

Und: Haben Sie sich inzwischen für einen Fundamentalismus entschieden?

– Sogar ein Banner entrollt. Toll!

– An der Hundehütte. DIN A 4-groß. Wow!

– Und was stand da drauf?

– »Marktfundamentalismus vor, noch ein Tor!« – Mann, jetzt werden Sie aber ganz radikal. Marktfundamentalismus. Meinen Sie denn, das kriegen Sie hin, mit Nahrungsmitteln auf dem Weltmarkt so zu spekulieren, dass am Ende Sie das ganze Geld und 10 Millionen Menschen nix mehr zu essen haben?

– Grundnahrungsmittel, genau. Reis, irgendwas.

– Hören Sie, ich habe hier noch andere Anrufer –

– Ja, machen Sie einfach mal. Viel Erfolg!

(zu Apparat 1)

– So, Mustafa, jetzt habe ich aber Zeit für Sie. Also: Ihre letzte Frage, bitte.

– Richtig, 70 Jungfrauen, nur für Sie, hinterher im Paradies.

– Nein, vertraglich ist das alles bombenfest. Jeder Selbstmordattentäter hat Anspruch –

– Wie: Sie wollen die gar nicht? 70 Jungfrauen, das ist doch das Höchste, der Traum eines jeden Mann–

– Was sind Sie?!
– Schwu – ein schwuler Selbstmordattentäter – wo gibt
  es denn so was? Das ist doch in der Schöpfungsord-
  nung gar nicht vorgesehen! Sie bringen ja den ganzen
  Fundamentalismus in Verruf!
– Nein, zum letzten Mal: Es bleibt bei den 70 Jungfrauen – nein, das ist für mich kein Friedensangebot
  – nein! 7 Jünglinge sind für mich kein Friedensangebot.
– Hören Sie, Mustafa, dann muss ich hier jetzt förm-
  lich werden: Ich erteile Ihnen hiermit in aller Form
  die ultimative Weisung, Ihren Sprengstoffgürtel un-
  verzüglich – Nein, verdammt noch mal, Homosexuelle haben keinerlei Berechtigung, sich im Namen
  von …

– Hallo? Mustafa?

– Mustafa? Bitte bleiben Sie dran!

– Machen Sie keinen Unsinn. Mustafa! Sie sind hochexplosiv!

(Klingeln Apparat 2)

– O Mann!

– FUNDI-SUPPORT »DAS LETZTE WORT« – Was können Sie für mich tun?

– Pfarrer Jones.

– Terry Jones. Ah – Pfarrer Terry Jones? *Der* Terry Jones? Der Koran-Verbrenner aus Florida?

– Ah, endlich mal ein normaler Fundamentalist! Ach, wenn Sie wüssten: Mir läuft gerade ein schwuler Selbstmordattentäter aus dem Ruder und überhaupt ist dieser ganze Tag – aber ich will Sie jetzt nicht meinen Problemen – Sie haben ja angerufen, bitte, ich höre.

– Mal wieder in Köln.

– Ja, doch das weiß ich, dass Sie früher lange Pfarrer in Köln waren. In der Pfingstgemeinde, genau. Mann, Sie waren doch einer unserer besten Leute in Köln. Ach, ja, die Domstadt! Die verwaist jetzt richtig, wissen Sie. Erst haben Sie uns den Metin Kaplan abgeschoben, den Hassprediger von Köln. Dann sind Sie weg, Herr Pfarrer Jones. Und jetzt ist auch noch der Meisner im Ruhestand. Was führt Sie denn aktuell jetzt mal wieder nach Köln, Mister Jones?

– Keine Korane mehr zu kriegen in Florida. Alle verbrannt. – Ja, so ist das, wenn man zu erfolgreich wird.

Aber warten Sie mal: Die Kölner Salafisten haben tatsächlich noch jede Menge Korane.

– Doch, die haben auch gerade einen Stand auf dem Nippeser Wochenmarkt.

– Ah, Sie sind schon auf dem Weg dahin. Schön.

– Ja, doch die freuen sich bestimmt über jeden Koran, den sie verteilt kriegen.

– Ich habe übrigens auch schon mal über eine Kooperation nachgedacht, Herr Pfarrer Jones.

– Ja, zwischen Ihnen und den Salafisten. Win-Win, Joint Venture, verstehen Sie?

– Nein, nicht beim Korane-Verbrennen. Um Gottes Willen. Das würde ich Ihnen eher nicht empfehlen. Aber es gibt da doch diese Mohammed-Karikaturen. Wie wäre es denn, wenn Sie die mal gemeinsam –?

– Nein, doch, Moment, ich stelle mir vor: Sie haben dann zwischen sich so eine von diesen brennenden Tonnen, und dann werfen die Salafisten diese Karikaturen ins Feuer, weil sie Mohammed *abbilden*. Das darf man ja nicht bei denen. Und Sie von der anderen Seite werfen dieselben Bilder da rein, weil sie *Mohammed* abbilden. Und den will man ja nicht bei Ihnen.

– Richtig: Man muss doch nicht immer alles alleine kaputt machen. Viel Erfolg, Herr Pfarrer Jones!

(Klingeln Apparat 3)

– FUNDI-SUPPORT. – Ah, die oberbergischen Pietisten noch mal.

– Sie haben es getan.

– Tatsächlich.

– Bei Edeka 3 Kilo Reis gekauft. Toll!
– Nein, das kann ich von hier nicht sehen, ob der Welt-
   marktpreis sich schon bewegt hat. Das ist auch oft
   eher ein langfristiges Ding.
– Und was haben Sie dann mit dem Reis gemacht? Ha-
   ben Sie sich den gekocht?
– Mit dem Auto nach Köln gefahren. Auf den Nippeser
   Wochenmarkt. Wieso jetzt das?
– Wegen Markt-Fundamentalismus. Okay.
– Halt, Moment, habe ich das richtig verstanden: Sie
   sind jetzt gerade auf dem Nippeser Markt? Da könn-
   ten Sie mir jetzt bitte-bitte einen riesigen Gefallen
   tun: Sehen Sie da irgendwo eine brennende Tonne?
– Ja? Super, da müssen Sie dran vorbei.
– Richtig, wo diese bärtigen Moslems stehen. Und der
   weiße Pfarrer.
– Was tun die? Mohammed-Bilder ins Feuer werfen.
   Und lachen. Doch, doch, da sind Sie richtig. Denken
   Sie nicht weiter drüber nach. Gehen Sie einfach weiter
   bis zu der Ecke. Da ist ein Ledersex-Laden.
– Ja, Ledersex.
– Was das ist? Hören Sie, das erkläre ich Ihnen ein an-
   der Mal. Jedenfalls, vor dem Laden müsste jetzt ein
   Schwarzer stehen, ein frierender Schwarzer ohne Peit-
   sche.
– Der weint. Genau der.
– Warum der weint? Ach, das ist eine lange Geschichte.
   Sagen Sie mir lieber, ob daneben jetzt ein schwuler
   Selbstmordattentäter steht.

- Ja? Super.
- Was? – Nein, keine Angst, der tut nichts. Richten Sie dem bitte aus: Er soll seinen Sprengstoffgürtel sofort ausziehen.
- Ja, doch: ausziehen. Nicht zünden, ausziehen.
- Und wenn er nicht will, dann sagen Sie ihm: Er kriegt seine 7 Jünglinge. – Haben Sie das? Das ist wichtig. – Er kriegt seine 7 Jünglinge.
  Und wenn wir sie aus dem Vatikan ausleihen müssen.

Vielen Dank, Joachim (2013)*

(Sprecher singt zur Melodie von Eddy Grants »Gimme hope, Jo'anna«)
    Vielen Dank, Joachim,
    Dank, Joachim,
    danke für die Kölner Zeit.

Guten Morgen, Herr Kardinal. Ja, da staunen Sie jetzt, nicht wahr? Das hätten Sie nicht gedacht, dass ausgerechnet der WDR einen Lobgesang auf Sie sendet am Ende Ihrer 25 Jahre im Kölner Bischofsamt. Aber, ehrlich gesagt: Der WDR konnte gar nicht anders. So viele Zuschriften haben uns erreicht in den letzten Tagen, so viele Mails, so viele Einträge ins Gästebuch unserer Homepage. Und alle wollen sie nur eins: Ihnen Danke sagen.

    Darunter sind auch Leute, von denen man das gar nicht erwartet hätte. Hier zum Beispiel, Thilo Sarrazin: »Großartig, Joachim«, schreibt er, »dieser Spruch, den du da gerade vor zwei Wochen rausgehauen hast bei diesen Neokatechumenen, diesen Katholiken mit den vielen Kindern immer: ›Eine Familie von euch‹, hast du gesagt, ›ersetzt mir drei muslimische Familien.‹«

---

*   Glosse, geschrieben im Auftrag des WDR für den Tag des Ausscheidens von Joachim Kardinal Meisner aus dem Amt am 28.2.2014. Wegen rechtlicher Bedenken wurde die Glosse allerdings seinerzeit nicht gesendet.

Super, dass du in Köln jetzt endlich auch mal damit anfängst, die muslimischen Familien zu ersetzen. Wird ja auch höchste Zeit.

Weiter so! Dein Thilo.«

Oder hier, der Kölner Zoodirektor: »Eure Eminenz, hochverehrter Herr Kardinal, in einer Zeit, wo wir das Aussterben von immer mehr Tierarten beklagen müssen, haben Sie ein Zeichen gesetzt: Sie haben eine ganz neue Tierart in die öffentliche Debatte eingebracht, für die gerade der Kölner Zoo eine attraktive Beherbergungsstätte werden könnte: den gemeinen mitteleuropäischen Homosexuellen.

›Wenn Homosexuelle getraut werden‹, haben Sie gesagt, ›dann bedeutet das in den Augen vieler: Das sind doch keine Menschen mehr, das sind Tiere.‹«

Diesen schönen Gedanken nehmen wir gerne auf, eure Eminenz. Wir werden in unserer Einrichtung dann natürlich auch eine artgerechte Differenzierung gewährleisten: Für Leder-Lesben, Transen, Drag-Queens und Rosa Funken werden wir je eigene Gehege vorhalten. Dank Ihrer schönen Anregung könnten wir den Kölner Zoo so in naher Zukunft um eine große Attraktion bereichern. Dürfen wir Sie, hochverehrter Herr Kardinal, jetzt schon um die feierliche Einsegnung der Schwularien und Lesbenhäuser bitten?

Wir freuen uns. Ihr Zoodirektor Theo Pagel.«

Geschrieben hat uns auch der BuvSaHa, der »Bundesverband des Sanitärhandwerks«: »Vielen Dank, Herr Kardinal, dass Sie als einziger unter ihren Weicheier-Bischofskollegen unserem prominenten Außendienstmitarbeiter Franz-Peter Tebartz-van Elst bis zuletzt die Treue gehalten haben. Und Sie haben ja vollkommen recht: Was hat der bedauernswerte Limburger Bischof denn Schlimmes angestellt, dass nun alle über ihn herfallen?

Er hat sich eine Badewanne bestellt. Für schlappe 15.000 € eine ganz normale Designer-Badewanne. Na, und? Da können Sie doch nur drüber lachen – in Köln, im reichsten Bistum der Welt. Haben Sie da nicht sogar so eine Art mittelalterliche Badewanne aus purem Gold in Ihrem Dom stehen? So groß, dass da sogar drei Könige drin baden gegangen sind? Und da fragt keiner, wie teuer die mal war. Und wer das bezahlt hat. Und womit.

Aber so ist es halt: Reich sein, das muss man auch können.

Dürfen wir höflich anfragen, ob Sie eventuell bereit wären, die Limburger Badewanne – falls Tebartz sie nicht mit in sein Exil nehmen darf – zu Ihrem Prunkstück im Kölner Dom mit dazuzustellen? Fänden Sie das nicht auch sehr passend? Ihre Freunde vom BuvSaHa.«

Zuletzt noch ein Stapel Einträge aus unserem Gästebuch. Zunächst ein – Georg Schwikart. Ach ja, das ist dieser Diakon, den Sie, Herr Kardinal, nach zwei Jahren Ausbildung kurz vor seiner Weihe noch rausgeschmissen haben, weil er mal in einem Religionsbuch geschrieben hatte, dass es gleichgeschlechtliche Liebe gibt.

Schwikart schreibt: »Vielen Dank, Joachim, ohne dich wäre ich bestimmt nie aus der katholischen Kirche ausgetreten.«

Und ein Eugen Drewermann schreibt: »Vielen Dank, Joachim, ohne dich wäre ich bestimmt nie aus der katholischen Kirche ausgetreten.«

Jürgen Becker, der Kabarettist, schreibt: »Vielen Dank, Joachim, ohne dich wäre ich bestimmt nie aus der katholischen Kirche ausgetreten.«

Okay, ja, ich sehe, das geht hier jetzt noch eine Weile so weiter. Lassen wir das jetzt mal.

Aber danke, sage ich, danke an Sie alle, die Sie dem WDR geschrieben haben. So viel Lob und Dank! Bei den anstehenden offiziellen Feierlichkeiten im Erzbistum könnte das ja gar nicht alles zum Zuge kommen. Und das wäre doch zu schade.

Zum Abschluss will darum auch ich noch einmal eine Strophe Lobgesang singen aus dem schönen Lied, das dankbare Kölner Christen für Sie gedichtet haben *(singt)*.

Die Basis wünscht sich Ökumene.
Mancher Priester wünscht sich wen für's Bett.
Die Frauen wünschen sich mal bald ein Kirchenamt.
Aber du sagst zu allem: Njet!

   Vielen Dank, Joachim,
   Dank, Joachim,
   vielen Dank für deine Rechtgläubigkeit.
   Vielen Dank, Joachim,
   Dank, Joachim,
   danke für die Kölner Zeit.

Religion und Lachen (2014)

Wollmer wieder bisschen singen,
Euch paar fromme Späße bringen.
Ihr Christen und ihr andern auch:
Jeder kriegt was ab.
   Kabarett, Comedy, KLÜNGELBEUTEL-Clownerie,
   Spöttelei, Narretei – so sin mir Jecke vor dem Herrn.

»Fromme Späße« – Sind Sie wirklich sicher, dass Sie das wollen? Na, na, na!

Der Kirchenvater Origines würde das jetzt aber gar nicht gerne sehen: »Für das irdische Leben des Christen«, sagt er, »ist das Lachen ausgeschlossen. Angesichts des ernsthaften Strebens nach Vollkommenheit gibt es keinen Raum für Lachen, höchstens für Weinen.«

Und sein Kollege, Ephraem der Syrer, pflichtet ihm bei und begründet das auch mit einem höchst erstaunlichen Satz: »Denn auch Jesus Christus hat während seines Erdenlebens nie gelacht.«

Woher er das weiß, ganze dreihundert Jahre nach Jesu Erdenleben? – Nun, als Kirchenvater weiß man so was halt.

Diese Haltung der Kirche zum Lachen setzt sich dann fort bis in die protestantische Neuzeit: »Das Lachen, der Sport und die Jagd« sagt im 17. Jahrhundert der englische Puritaner Robert Barclay, »sind keine christlichen Beschäftigungen.«

Eine interessante Kombination, nicht wahr, die er da verurteilt: Lachen, Sport und Jagd.

Und der berühmte protestantische Theologe und Philosoph Søren Kierkegaard schreibt zwei Jahrhunderte später: »Lachen hat keinerlei Raum in einem Glauben, der sich in der entfremdeten Existenz einzig durch Leiden angemessen ausdrückt.«

Und ob man's glaubt oder nicht: Noch 1974 schreibt der katholische Theologieprofessor Werner Lauer in seiner Habilitationsschrift: »Wo echter Glaube gelingt, da verschwindet der Humor von alleine.«

(Ich hoffe, bei diesem Satz hat jetzt keiner gelacht!)

Wo'mer wieder bisschen lachen
Und auch viel Theater machen.
Wer hat noch nicht, wer will noch mal?
Jeder kriegt was ab.
*   Kabarett, Comedy, KLÜNGELBEUTEL-Clownerie,*
Spöttelei, Narretei – so sin mir Jecke vor dem Herrn.

Immerhin – das will ich hier auch nicht verschweigen – gibt es ja in der kirchlichen Tradition auch so etwas wie das »Osterlachen«.

Osterlachen – kennen Sie? Das war im Mittelalter eine Zeitlang so eine spezifische Würze für die Osterpredigten. Der Tod sollte an Ostern auch mal buchstäblich und für alle Welt hörbar »ausgelacht« werden. Denn der ja hatte an Ostern »sein Spiel verloren«, wie es in den alten Osterliedern manchmal so schön heißt.

Aber nun bringen Sie mal eine Kirche voller Sonntagschristen im feierlichsten Gottesdienst des Jahres zum Lachen!

Da mussten die Pfarrer dann am Ende im kirchlichen Auftrag Witze erzählen, um ihrer vorgeschriebenen Aufgabe, an Ostern ihre Kirche zum Lachen zu bringen, auch gerecht zu werden. Und was für Witze! Da waren manchmal schon richtig heftige Schoten nötig – damit man auch wirklich etwas davon hören konnte, dass da der Tod verlacht wurde.

Hinterher war das dann allen Beteiligten oft unangenehm, über was man da gelacht hatte. Aber – es war ja für einen guten Zweck.

Ich stelle mir vor, das waren dann – so vom Niveau her – oft Sachen wie das, was ich da jetzt neulich gehört habe: »Komme ich nach Hause, will mich auf die faule Haut legen – ist die einkaufen!«

Boah! Ganz übel.

Ich meine: Das mit dem Lachen funktioniert mit diesem Satz. Stimmt's?

Aber jetzt stellen Sie sich mal vor: So was in einem Ostergottesdienst?! Das geht natürlich gar nicht. Deswegen ist das mit dem Osterlachen denn auch bald wieder abgeschafft worden.

Heutzutage sind ja eher andere Dinge problematisch im Blick auf Lachen und Religion. Heute sind es ja eher die Witze über die anderen Religionen, die tabu sind. Aber so richtig tabu. Ich meine, okay, irgendwann würde man sich das natürlich mal wünschen: Einen Abend, wo die Religionen sich gegenseitig ihre besten Witze übereinander erzählen. Und dann lachen sie gemeinsam darüber (und ärgern sich vielleicht auch ein bisschen) – und gut ist. Ich stelle mir vor: Ja, wenn der Messias kommt. Oder wenn das Reich Gottes anbricht. Aber bis dahin kann man das ja nicht bringen, oder?

Das würde ich zum Beispiel ja auch nie machen, als Christ – über andere Religionen – lachen. Öffentlich. Nein, das geht natürlich nicht.

Stellen Sie sich vor, ich würde Ihnen jetzt hier ganz ungeniert einen Buddhistenwitz erzählen. Doch, Buddhistenwitze gibt es. Klar. Natürlich gibt es die. Glauben Sie nicht? Doch, zum Beispiel den hier:

Zwei Freunde treffen sich.

Fragt der eine: »Sag mal, deinen Sohn sehe ich jetzt gar nicht mehr: Hat der endlich Arbeit gefunden?«

»Nä«, sagt der andere, »Arbeit hat er immer noch nicht.«

»Ja, und: Was macht der jetzt so den ganzen Tag?«

»Er geht ins buddhistische Zentrum und meditiert.«

»Meditieren? Was ist das denn?«

»Das weiß ich auch nicht so genau. Aber ich sag mir: Immer noch besser als rumsitzen und nix tun.«

Witze über Juden – das ist klar, dass das nicht geht. In Deutschland schon mal gar nicht. Also definitiv nicht.

Neulich habe ich da wieder so einen gehört:

Wie die Zehn Gebote in die Welt kamen. Also, der ist völlig unmöglich, der geht wirklich gar nicht. Und da nützt es auch nichts, dass ich den aus dem Buch der Lieblingswitze von Paul Spiegel habe, dem ehemaligen Vorsitzenden des Zentralrats der Juden in Deutschland. Hören Sie sich den doch mal an:

Einst ging Gott zu den Menschen, um ihnen die Gebote zu bringen.

Als erstes kam er zu den Arabern und sagte:

»Ich habe Gebote für euch. Die werden euer Leben besser machen.«

»Gebote?« fragten die Araber. »Was ist das denn?«

»Gebote – das sind Regeln fürs Leben.«

»Aha«, sagten die Araber, »kannst Du mal ein Beispiel geben?«

»Zum Beispiel: Du sollst nicht töten.«

»Du sollst nicht töten?!« sagten die Araber. »Nein, danke, kein Interesse.«

Als nächstes ging Gott zu den Franzosen:

»Hier, ich habe Gebote für euch.«

Auch die Franzosen wussten erst nicht so recht, was das ist, und der Herr sagte:

»So was wie: Du sollst nicht ehebrechen.«

»Ach, nicht mehr ehebrechen? Non, merci!«, sagten die Franzosen. »Kein Interesse.«

Dann ging Gott weiter zu den Roma und sagte:

»Hallo. Ich habe Gebote für euch.«

»Gebote?«, fragten die Roma.

Und der Herr sagte: »Ja, so Sachen wie: Du sollst nicht stehlen und so.«

»Was? Nicht stehlen?« sagten die Roma. »Nein, kein Interesse.«

Schließlich kam Gott zu den Juden und sagte:
»Hallo, ich habe Gebote.«

»Du hast Gebote?«, sagten die Juden. »Ah, interessant. Und was kosten die?«

»Nichts. Die gibt's umsonst.«

»Oh«, sagten die Juden, »umsonst. Gut. Dann – nehmen wir zehn davon.«

Das sehen Sie auch so, ne? Der geht ja nun wirklich gar nicht. Der beleidigt mit seinen Vorurteilen ja quasi alle. Der steht mit Sicherheit auf jedem kirchlich-links-grün-alternativen Index.

Aber was heutzutage noch schlimmer ist als all das, das sind natürlich Witze mit Muslimen. Witze, wo islamische Religion drin vorkommt – ou, ou, ou!

Da habe ich neulich wieder so einen gehört, von Jupp und Achmed. An sich ist der harmlos. Aber den erzähle ich Ihnen jetzt hier natürlich definitiv nicht. Ich meine, da müsste ich ja wahnsinnig sein. Ich sage nur: Mohammed-Karikaturen. Da weiß man ja, was dann passieren kann.

Ach, den kennen Sie auch nicht? Der Witz von Jupp und Achmed und dem neuen Wagen? Der ist zwar – an sich ist der – also – also, passen Sie auf:

Jupp und sein türkischer Freund Achmed haben sich beide am selben Tag einen neuen Wagen gekauft. Acht Tage später werden die neuen Autos dann samstags zum ersten Mal gewaschen. Und alles, was Jupp mit seinem Wagen macht, macht Achmed auch: Kofferraum aufgeräumt: Achmed auch. Scheibe gereinigt: Achmed auch. Fußmatte ausgeklopft: Achmed auch. Dann kippt Jupp einen Eimer Wasser übers Dach von seinem Wagen – nein:

Achmed geht stattdessen zu seinem Werkzeugkasten, holt eine Eisensäge und sägt ein Stück von seinem Auspuff ab!

»Was soll denn der Quatsch?!«, fragt Jupp.

»Mann«, sagt Achmed, »wenn du dein Auto taufst, muss ich meins ja beschneiden.«

So, und bevor sich mancher jetzt vielleicht auch schon wieder das alte christliche Lachverbot zurückwünscht, schnell noch mein kölscher Beitrag zum Thema:

Wissen Sie, wie Gott mit Vornamen heißt?
Oliver. (singt) O leever Jott…

Ja, so sin mir Jecke vor dem Herrn.

Wo'mer wieder bisschen denken,
Euch paar neue Nüsse schenken.
Uns doch egal, ob ihr die knackt.
Jeder kriegt was ab.
   Kabarett, Comedy, KLÜNGELBEUTEL-Clownerie,
   Spöttelei, Narretei – so sin mir Jecke vor dem Herrn.

Sieben Weihnachtsgeschichten

Der Adventskalender
Eine interkulturelle Weihnachtsgeschichte
nach einer wahren Begebenheit

Flatsch! Ein buntes Etwas fällt ihr rappelnd entgegen, als Aissata an diesem Montag die Tür ihres Zimmers im Studentinnenwohnheim öffnet.

»Was ist das denn?«

Offenbar hatte jemand das Teil von außen gegen ihre Tür gelehnt. Nun liegt es da, halb auf ihrem rechten Schuh. Die junge Afrikanerin bückt sich und hebt das Etwas auf: Es ist fast so groß wie ihre Aktentasche, aus bunter Pappe gemacht und zeigt eine lustige Weihnachtslandschaft mit Schlitten fahrenden Kindern und Engeln und dem Stall von Bethlehem. Witzige Kombination, denkt sie. Überhaupt, Weihnachten und Schnee! Bei ihr zuhause in der Elfenbeinküste würde kein Mensch auf die Idee kommen, so etwas gleichzeitig auf ein Bild zu malen. Dann erkennt sie auch ein paar Zahlen, die auf einzelne Motive in der Landschaft aufgemalt sind. - Merkwürdig.

Sie schüttelt das Ding ein wenig hin und her, und wieder rappelt es. Was da wohl drin sein mag?

Als sie genauer hinschaut, entdeckt sie, dass die Pappe an einigen Stellen eingeritzt ist. Vorsichtig geht sie mit ihrem Fingernagel in die Ritze und biegt ein Stück Pappe hoch: Da! In einer Vertiefung liegt ein Schokoladenstückchen. Es ist ein kleiner Schlitten. Sie nimmt ihn heraus, besieht ihn sich kurz und steckt ihn dann in den Mund. Er schmeckt lecker, wie ganz normale Schokolade.

Ob noch mehr davon darin versteckt ist?

Auf dem Weg in die Küche ihres Wohnheims öffnet sie noch drei weitere Löcher. Jedes Mal findet sie ein Stück Schokolade darunter: Einmal einen Stern, dann eine Kerze und einmal auch einen Ball, alle aus Schokolade.

»Hallo, Aissata.« Melanie, ihre deutsche Zimmernachbarin, ist auch schon auf und macht sich ihr Frühstück zurecht.

»Guck mal«, sagt Aissata, während sie nach weiteren Öffnungen in ihrem sonderbaren Etwas sucht. »Irgendjemand hat mir Schokolade vor die Tür gestellt. Aber wie aufwändig die verpackt ist! Die Wohlstandsgesellschaft hier wird wirklich immer verrückter. So wenig Schokolade und so viel Verpackung! Und an die Müllberge denkt wieder keiner.« Inzwischen hat sie auch das nächste Stück Schokolade ausgegraben.

»Hey, was machst du denn da?!« Melanie scheint richtig entsetzt. »Die darfst du doch nicht alle auf einmal aufreißen! Jeden Tag immer nur ein Türchen!«

»Ein Türchen?« Aissata ist verwirrt. »Wie meinst du das?«

»Das ist ein Adventskalender! Da macht man jeden Tag ein Türchen auf: Eins, hörst du! Nicht alle auf einmal! 24 Türchen sind das, für jeden Tag eins, bis Weihnachten.«

»Ach so.« Aissata ist etwas verlegen. »Aber das wusste ich doch nicht. Bei uns zuhause habe ich so was noch nie gesehen. Wie kommt das überhaupt vor meine Zimmertür?«

»Vor meiner Tür lag auch ein Adventskalender«, sagt Melanie. »Ich vermute, Frau Wahlen, unsere neue Heimleiterin, wollte uns allen eine kleine Adventsfreude machen.«

»Oh!« Aissata fällt plötzlich etwas ein. »Dann hat Coretta bestimmt auch einen gekriegt. Komm mal eben mit, Melanie. Ich glaube, in Namibia kennt man so was auch nicht.«

Die Beiden gehen über den Flur und klopfen bei Coretta.

»Come in«, ruft es von drinnen.

Aissata und Melanie öffnen die Tür. Sie schaffen es kaum, »Guten Morgen« zu sagen, da prusten sie schon los: Auf ihrem Bett sitzt Coretta, auf den Knien den Adventskalender in einem ziemlich verwüsteten Zustand. Und in ihrer Hand hat sie zwei, drei Schokoladenstückchen, die sie sich genüsslich eins nach dem anderen in den Mund steckt.

»Was ist denn mit Euch los?« fragt Coretta verwundert. »Wollt ihr auch was davon? Hier, hab ich geschenkt gekriegt.«

»Also, Coretta …«, sagt Aissata und setzt sich neben sie auf das Bett. Und dann erklärt sie ihr, was ein Adventskalender ist.

Am Ende freut sich Coretta, dass immerhin nicht nur die »24«, sondern auch noch die »2«, die »11« und die »16« unversehrt sind. »Na, dann hab ich ja jetzt immerhin noch ein paar Türchen zum Üben. Übrigens, wart ihr auch schon bei Julie?«

Melanie schaut Aissata fragend an. »Julie?«

»Kamerun!«, sagt Aissata nur.

Und schon eilen die drei durch den Flur. Als sie an Julies Tür klopfen, steht auch dort kein Adventskalender mehr.

Sie ahnen, was das bedeutet.

Es dauert ein wenig, bis Julie endlich zur Tür kommt. Sie macht sich gerade die Haare und sieht noch sehr unfertig aus. »Was ist?« fragt sie.

»Hast du das Ding schon aufgemacht, das vor deiner Tür stand?« fragt Coretta.

»Wieso aufgemacht? Das schöne Bild meinst du? Nein, das habe ich da vorne auf die Heizung gestellt.«

Und da wo ihr Finger hinzeigt, entdecken die Drei erleichtert den unversehrten Adventskalender. Nur dass jetzt viele kleine braune Fäden aus ihm herauslaufen und die Heizungsrippen entlangwandern.

»Oh!« sagt Julie. »Dann war das also doch kein Bild!« und hastet zu ihrer Heizung. »Ich hatte mich schon gewundert, dass es so rappelte.« Mit der Hand fängt sie die Schokoladenfäden auf, die immer noch unten herauslaufen. »Was ist das überhaupt für ein merkwürdiges Ding?«

Coretta, Melanie und Aissata schauen sich an und antworten dann gemeinsam: »Ein Adventskalender!«

Eine Stunde später sitzen die vier immer noch beim Frühstück zusammen in der Wohnküche. Es dauert eine Weile, bis sie fertig sind mit Lachen und Erklären und Erzählen.

Aissata sagt: »Aber eigentlich war das doch sehr nett von Frau Wahlen.«

Das findet auch Coretta: »Ja, wir sollten uns vielleicht auch irgendwie bedanken bei ihr.«

»Habt ihr nicht einen schönen Weihnachtsbrauch aus eurer Kultur?« fragt Melanie. »Wollt ihr euch nicht vielleicht mit so etwas bedanken?«

»Bei uns in Kamerun«, sagt Julie, »ist immer erst richtig Weihnachten, wenn nach dem Gottesdienst an Heiligabend die Jungs vor der Kirche ihre Böller und Raketen zünden. Und dann werden die Trommeln aus den Häusern geholt, und wir tanzen auf der Straße.«

»Hey, das ist es doch!« Aissata ist ganz begeistert. »Frau Wahlen hat mir neulich erzählt, dass sie an Heiligabend immer mit ihrer Familie in die Christmette nach St. Gereon geht. Da holen wir sie um Mitternacht ab und überraschen sie vor der Kirchentür mit einem kleinen Straßenfest. Und wenn wir dann noch deinen Freund Jean und ein paar von seinen Trommlern überreden können, mitzukommen, dann können wir sogar richtig singen und tanzen, wie bei uns.«

»Und ein paar Kartons Böller nehmen wir natürlich auch mit!« sagt Coretta.

»Super!« sagt Julie, »Richtige Weihnachtsstimmung, wie bei uns zuhause! Da wird sich Frau Wahlen bestimmt riesig freuen …«

Der stumme Engel

Geht ihr mal ruhig alleine«, hatte sie zu ihnen gesagt. Tina und Sebastian hatten da noch ihre Schuhe zusammengesucht, während Wilfried, ihr Mann, schon den Mantel anhatte. Sie hatte wohl gespürt, dass die Drei die Mutter gerne mitgenommen hätten zum Heiligabend-Gottesdienst in die Kirche. Aber sie wollte lieber in Ruhe noch das Wohnzimmer aufräumen und anschließend ihr geliebtes heißes Bad nehmen. Das hatte sie entschieden mehr gereizt als eine volle Kirche und die immer gleichen Lieder und Geschichten.

Nun waren sie zurück. Ihre Drei. Aber irgendwie wirkten sie sonderbar, wie sie da so still ihre Mäntel auszogen. Als wären sie mit ihren Gedanken noch ganz woanders.

»Sprecht ihr nicht mehr miteinander?« fragte sie herausfordernd. Sie war gerade mit ihren Haaren fertig geworden und hatte noch den Bademantel an. »Oder hat euch der Pfarrer wieder ausgeschimpft, dass ihr immer nur Weihnachten in die Kirche geht?«

»Was?« Wilfried, ihr Mann, schien tatsächlich etwas abwesend zu sein. »Oh, nein, solche Pfarrer gibt es heute gar nicht mehr, glaube ich. Wir haben doch jetzt dieses junge Pfarrerehepaar.«

»Ach, ja, richtig.« Jetzt fiel es ihr wieder ein: diese junge Pfarrerin vor allem, die schon drei Mal in der Zeitung war, weil sie sich immer wieder etwas Witziges einfallen ließ, um die Leute anzusprechen.

»Lasst mich raten«, sagte sie. »Die Pfarrerin hat eine verrückte Weihnachtsüberraschung veranstaltet. Und hinterher haben sich die Presbyter und der Altenclub furchtbar darüber aufgeregt?«

»Ja und nein«, sagte ihr Mann.

»Wie: Ja und nein?« fragte sie zurück. »Was meinst du damit?«

»Es war verrückt, und es war eine Überraschung – aber eigentlich war es genau das Gegenteil von einer Veranstaltung.«

»Ah ja.« Sie sah vom einen zum anderen. »Das werdet ihr mir bestimmt noch erklären.«

An diesem Punkt übernahm Tina die Geschichte: »Also, erst war alles wie immer: die Lieder, die Weihnachtsgeschichte, das Krippenspiel und alles so. Aber als dann die Stelle kam, wo der Engel den Hirten die Weihnachtsbotschaft verkünden sollte – zack: auf einmal war Schluss.«

»Wie wenn man beim Videorecorder auf Pause drückt«, ergänzte Sebastian. »Keiner hat sich mehr bewegt. Keiner hat mehr was gesagt. Und der Engel stand einfach so da, mit offenem Mund.«

Sie musste lachen, weil Sebastian, ihr Kleiner, gerade sehr ernsthaft versuchte, einen bewegungslosen Engel mit offenem Mund darzustellen.

»Ja, und dann«, jetzt war wieder Tina dran, »dann gingen auch noch ganz langsam alle Lichter aus. Alle, selbst die an dem großen Weihnachtsbaum, nur der Scheinwerfer nicht, der auf den Engel gerichtet war.«

»Ja – und weiter?« Sie wartete auf eine Fortsetzung.

»Nichts weiter«, ergänzte Tina. »Das blieb so, bestimmt fünf oder zehn Minuten lang. Und dann ging auf einmal das Licht wieder an, und wir haben *O du fröhliche* gesungen. Und dann war Schluss.«

»Das war total komisch.« sagte Sebastian und schaute dabei sonderbar verträumt auf die Lichterkette in ihrem Vorgarten. Er schien diese eigenartige Stille geradezu körperlich noch mit sich herumzutragen. Sonst war er doch immer total hibbelig vor der Bescherung.

»Fünf oder zehn Minuten nur Stille?« fragte sie noch einmal nach. »Im Heiligabend-Gottesdienst?! Dass die Leute das überhaupt ausgehalten haben.«

»Es war auch ein bisschen wie ein Spiel«, sagte Tina. »Wir wussten ja alle nicht, wie es weitergeht. Jeder hat sich sicher irgendwas gedacht. Aber keiner wollte das kaputtmachen.«

»Ich glaube, die meisten haben sich mit dem Engel beschäftigt«, sagte Wilfried. »Man sah ja nichts, außer dem Engel mit dem offenen Mund, der nichts sagte.«

»Aha.« Allmählich fand sie die Sache auch sehr interessant.

»Und du, was hast du gedacht in diesen zehn Minuten?« fragte sie ihren Mann jetzt ganz direkt. »Hast du dem Engel irgendeine Botschaft in den Mund gelegt? Hat er dir was geflüstert?«

»Nicht so konkret«, antwortete Wilfried. »Ich habe nur gespürt in dem Moment, wie gut mir diese Stille getan hat. Ich war ja bis Mittag noch in der Firma, dann die

Einkäufe, der Baum, das Umziehen – ja, und dann auf einmal diese wunderbare Stille. Und was ich auch noch gedacht habe, war, dass es im Stall von Bethlehem sicher auch ziemlich still war, wenn das Kind geschlafen hat.«

»Mmh.«

Sie war froh, dass sie sich gerade noch eine ihrer sarkastischen Bemerkungen in Richtung *Stille Nacht – heilige Nacht* verkneifen konnte. Denn damit wäre das Gespräch vermutlich beendet gewesen. Dabei wollte sie doch zu gerne noch wissen, was in den Köpfen ihrer beiden Kinder abgelaufen war in diesem merkwürdigen Heiligabend-Gottesdienst. »Und ihr?« fragte sie stattdessen nun und sah die beiden Kinder an.

Tina musste man auch nicht lange um ihren Kommentar bitten. »Ich habe gedacht«, sagte sie, »der Engel hat wahrscheinlich echt keinen Bock mehr. Weil – er hat das jetzt so oft erlebt, dass die Menschen ihm nicht zuhören, dass sie nichts wissen wollen vom ›Frieden auf Erden‹. Die Familien streiten sich weiter, die Kriege hören nicht auf, und alle denken immer nur ans Geldverdienen. Da hat die Pfarrerin ihm vielleicht vorher gesagt: Pass auf, Engel, dieses Jahr hältst du einfach mal die Klappe. Wirklich zuhören tut dir sowieso keiner.«

»Na?!« Sie war zwar selber nicht da gewesen, aber sie spürte, dass das doch womöglich etwas übertrieben war. Empfand Tina wirklich so?

»Und du, Sebastian?« Von ihrem Kleinen wollte sie natürlich jetzt auch noch was hören. »Was hast du gedacht dabei?«

»Ich fand das cool«, antwortete er. »Weil, bisher dachte ich immer: Das Wichtigste an Weihnachten ist, dass alles immer gleich abläuft: der Tannenbaum, der Kartoffelsalat mit Würstchen, der Braten am ersten Weihnachtstag, der Besuch bei Oma am zweiten, der Gottesdienst, wo immer nur wir drei hinmüssen, und du gehst immer in die Badewanne und das alles.«

»The same procedure as every year, James.« Tina musste natürlich auch noch ihren Senf dazugeben.

»Aber das heute«, fuhr Sebastian fort, »das war irgendwie geil. Weil man da gar nicht mit gerechnet hat. Ich finde, Weihnachten sollten viel mehr Sachen passieren, wo man nicht mit rechnet.«

Dass selbst ihr muffeliger Sohn diesem Gottesdienst etwas abgewinnen konnte, verblüffte sie doch. Zumal seine Gedanken mit dem ursprünglichen Sinn von Weihnachten, wenn sie das richtig erinnerte, dass Gott ein Kind geworden ist, wahrscheinlich sehr viel mehr zu tun hatten, als ihm selber bewusst war.

Und am Ende saß sie da in ihrem Bademantel am Küchentisch und schaute auch ein bisschen verträumt auf die Lichterkette in ihrem Vorgarten.

Vielleicht doch schade, sagte sie sich, dass ich nicht mit war. Ich wüsste zu gerne, was ich gedacht hätte in diesen zehn Minuten Stille …

Trojaner

Ich glaub ja alles. Letzten Sommer, da habe ich mir die Eröffnung der Olympischen Spiele in Peking im Fernsehen angeguckt. Und als da dieses hübsche chinesische Mädchen so herzergreifend gesungen hat – ich hab das geglaubt.

Und die tollen Gewinn-Chancen, die der Finanzmarkt bietet, wenn man sein Geld nur clever anlegt, die haben mich auch sehr beeindruckt. Und als mein Bankberater mir dann für das Geld, das ich immer noch auf meinem alten Sparbuch hatte, die Anleihen dieser absolut vertrauenswürdigen amerikanischen Bank empfohlen hat – ich hab das geglaubt.

Oder auch all die schönen Menschen, die ich zu sehen bekomme, wenn ich eine Illustrierte aufschlage: Dass die wirklich so sind, so schön und attraktiv, wie die Fotos sie zeigen – ich hab das geglaubt.

Ich glaub ja alles.

Ich habe zwar inzwischen erfahren, dass das bei der Eröffnung der Olympiade gar nicht das Mädchen war, das man uns gezeigt hat, die das Lied gesungen hat, sondern ein ganz anderes. Nur dieses andere Mädchen mit der schönen Stimme war nicht hübsch genug fürs Fernsehen, und da hat man halt die eine singen lassen, und die andere hat nur vor den Kameras die Lippen bewegt.

Von meinem Bankberater habe ich inzwischen auch etwas erfahren: In den Anleihen dieser absolut vertrauenswürdigen amerikanischen Bank seien so viele unschöne Überraschungen versteckt gewesen, dass mein Geld jetzt leider weg sei.

Und aus dem Gespräch mit einer Profi-Fotografin habe ich jetzt erfahren, dass in unseren Illustrierten heute kein einziges Foto mehr echt ist, egal ob im redaktionellen Teil oder in den Anzeigen. Nicht eines. Die sind alle bearbeitet und geschönt.

Ich hab das alles geglaubt.

War alles getürkt.

Aber ich hab es geglaubt.

Aber gut, ich meine, was heißt schon »getürkt«?!

Die Türken sind ja selber auch zum großen Teil getürkt. Die vielen Kurden zum Beispiel, die da wohnen, die darf man in der Türkei selbst gar nicht Kurden nennen. Das ist da verboten. Man muss »Bergtürken« zu ihnen sagen. Da geht das ja schon los mit dem »Türken«.

Und überhaupt: Troja – das ist doch auch in der Türkei. Troja, die Stadt, die die alten Griechen zehn Jahre lang belagert haben und konnten sie nicht erobern. Und dann griffen sie zu einer List und haben so getan, als würden sie abziehen. Nur ein großes hölzernes Pferd ließen sie zurück.

Und die Trojaner dachten, das Pferd sei ein Opfer für einen ihrer Götter und haben es im Triumphzug in ihre Stadt gebracht. Aber in Wirklichkeit waren in dem Pferd griechische Soldaten versteckt. Und die sind dann nachts aus dem Pferd herausgekommen und haben von innen die Stadttore geöffnet, um ihre Landsleute reinzulassen.

Und so haben die Griechen Troja am Ende doch noch erobert. Troja. Das Pferd, wo was anderes drin war, als drauf stand. Ich hätte das wahrscheinlich auch geglaubt.

Heute kennt man ja mehr die Trojaner im Internet. Das sind diese gefährlichen Programme, die getarnt sind als eine nützliche Anwendung, aber im Hintergrund verseuchen sie den ganzen Rechner, stehlen Daten und spionieren Passwörter aus.

Wobei der Name »Trojaner« für diese Programme ja selber auch schon fast wieder ein Trojaner ist. Denn in der alten Geschichte von Troja waren die Trojaner ja die getäuschten Opfer.

Und heute nennt man den heimtückischen Angreifer – also quasi jetzt: das Pferd der Griechen – einen »Trojaner«. Arme Trojaner.

Obwohl es ja auch gute Trojaner geben soll.

Die Bundestrojaner zum Beispiel. Das sind die, die unser Bundesinnenminister jetzt aussenden will. Die sollen dann heimlich die Rechner von Verdächtigen ausspähen. Bundestrojaner – das ist doch ein schönes Wort. Das hat man extra hierfür erfunden. Das gab es vorher noch gar nicht, das Wort.

Es gibt aber auch Leute, die es nicht so mögen. Die haben es auf die Liste für das »Unwort des Jahres« setzen lassen.

Mein Chef hat mir übrigens jetzt auf meinen Rechner ein hoch leistungsfähiges Antivirenprogramm installieren lassen. Der kennt mich. Der weiß, ich glaub immer zu viel.

Ich gehe auch gerne in die Kirche.

Für mich ist das auch gar kein Problem, wenn ich da höre, dass ein Gott die Welt geschaffen hat oder dass Mose mit dem Volk Israel trockenen Fußes durchs Rote Meer gelaufen ist.

Oder auch Weihnachten: dass ein kleines Kind, das in irgendeinem Elendsschuppen am Ende der Welt geboren ist, von Gott kommt und uns alle erlöst.

Ja, nun, sag ich mir, bei dem, was ich eh schon alles glaube – darauf kommt es jetzt auch nicht mehr an.

Und außerdem: Wer weiß, vielleicht hat man ja auch mal Glück. Und dann ist in so einem Trojaner ein richtiges Pferd drin …

Kampf der Kulturen
oder: Eine Rakete fürs Christkind

Vielleicht hätte ich es mir denken können. Oder sogar müssen. Hinterher ist man ja immer klüger.

Aber dass sie es auch tatsächlich tun würden! Und ausgerechnet auch noch mit Weihnachten.

Und »sie« – wer ist das überhaupt? Ich weiß es bis heute nicht.

Aber alles der Reihe nach.

Dass da irgendetwas im Gange war mit dem Weihnachtsfest, eine Art fundamentale Verrückung: Zum ersten Mal war mir das aufgefallen beim Kauf unseres neuen Tisches jetzt.

Im Dezember waren wir mehrfach in dem Möbelhaus in Frechen gewesen, um einen neuen Tisch für unser Esszimmer auszusuchen.

Und immer hatte da im Eingang ein riesiger, reich geschmückter Weihnachtsbaum gestanden. Aber als wir dann schließlich am 22. Dezember unseren Tisch abholen wollten, da war der Baum verschwunden. Zwei Tage vor Weihnachten – und der Baum war abgebaut!

Stattdessen standen da jetzt ein Beet mit Frühlingsblumen und eine Schaufenster-Puppe im Lappenclown-Kostüm.

Das war mir reichlich skurril vorgekommen. Aber ich hatte mir da weiter nichts bei gedacht.

Leider. Hätte ich das Ganze nicht so schnell wieder vergessen, ich wäre vielleicht auf Manches besser vorbereitet gewesen.

Und auch den zweiten Hinweis habe ich nicht so recht ernst genommen.

Natürlich nicht. Das wäre ja noch schöner, habe ich mir gesagt, wenn ich als moderner Mensch und noch dazu als Pfarrer mich auf so einen windigen Humbug wie diese alte Maya-Prophezeiung einlassen würde. Angeblich soll mit der Wintersonnenwende des Jahres 2012 eine neue Zeitrechnung beginnen. Denn just an diesem 21. Dezember 2012 endet der jahrtausendealte Maya-Kalender. Und das bedeutet, so hieß es, dass anschließend die Welt untergeht. Oder zumindest, dass die Welt sich nach diesem Tag so radikal verändert, dass man sie danach kaum noch wiedererkennt.

Was für ein Quatsch das doch ist, habe ich immer gedacht.

Was für ein Esel ich doch bin, denke ich jetzt. Jetzt, wo genau das passiert ist, was der Maya-Kalender offenbar schon vor 5000 Jahren geahnt hat.

Heilig Abend. Ich komme in meine Kirche. Die ist voll wie immer zu diesem Anlass. Wenn auch ein bisschen lauter als in den Jahren zuvor. Die Leute sind auch ein bisschen bunter angezogen als sonst. Und noch ein bisschen fröhlicher.

Aber es ist ja auch Weihnachten, denke ich, da ist das doch schön, wenn die Leute sich freuen.

Noch bin ich ganz und gar arglos, wie ich da durch die Reihen schreite nach vorne zum Altar. Das erste Lied werde ich dort ansagen: »Fröhlich soll mein Herze springen«, Lied 36. Ich freue mich schon darauf.

Aber was mir dann aus dem Kirchraum entgegenschallt, haut mich fast aus den Schuhen.

300 Leute singen, ja, grölen auf einmal aus voller Kehle: »Kumm, loss mer fiere, nit lamentiere, jet Spass un Freud, dat hät noch keinem Minsch jeschad. Denn die Trone, die do laachs, musste nit kriesche. Loss mer fiere op kölsche Aat.«

»Hallo?!«, rufe ich dazwischen, »was ist denn mit euch los?!«

Aber gegen diesen Gesang hat meine Stimme keine Chance. Wer hat sich denn diesen Blödsinn ausgedacht, denke ich. Der Küster? Die Kantorin? Einer von den neuen Presbytern, die noch nicht richtig eingeordet sind in ihr kirchliches Amt? Das wird ein Nachspiel haben, keine Frage.

Aber zum Glück sehe ich jetzt da hinten im Gang die Kinder, die gleich einziehen werden zum Krippenspiel. Das bringt uns definitiv in die Normalität zurück. Ich atme erst mal durch.

Denn wenn gleich 20 Kinderkehlen ihr herzergreifendes Einzugslied anstimmen, *Ihr Kinderlein, kommet*, dann werden ja wohl auch diese feierwütigen Erwachsenen wieder zur Besinnung kommen.

Ihr Kinderlein, nun kommet endlich! Rettet mich. Bitte.

Und schon setzen sie sich in Bewegung. Vorne ein ganz Kleiner trägt die Krippe, dahinter gehen Maria und Joseph, dann die Hirten, die Engel, und alle singen sie jetzt:

»Scha – lalála – lála – lalála – die Mama kritt schon wieder e Kind. Scha – lalála – lála – lalála – die Mama kritt schon wieder e Kind.«

Ja, du meine Güte, was ist denn hier los?!

Als ich dann schließlich auch noch die Lektorin sehe, die sich die Bibel vom Altar holt, um die Weihnachtsgeschichte vorzulesen, wird mir klar, dass ich das Schlimmste bis jetzt wohl noch gar nicht erlebt habe. Denn die Lektorin trägt ein Funkenmarieche-Kostüm!

Im Weihnachtsgottesdienst mit der Altarbibel in der Hand trägt sie ein Funkenmarieche-Kostüm!

Und nicht nur das: Hinter ihr gehen jetzt noch zwei weitere blau kostümierte Funken, ihre Tanz-Offiziere, vermute ich. Und tatsächlich, da heben sie auch schon ihr Mariechen samt Mikrofon und Heiliger Schrift mit kraftvollen Armen hoch in die Luft. Eine Drehung, eine Grußfigur, noch eine Drehung – und dann endlich liest sie von da oben aus luftiger Höhe die uralten Worte vor. Allerdings in einer Version, wie ich sie noch nie gehört hatte:

»Es begab sich aber zu der Zeit, dass ein Gebot ausging von dem Prinzen Ralf dem III. von der KG Schnüsse Tring, dass alle Welt geschunkelt würde. Und jedermann ging, dass er sich schunkeln ließe, ein jeglicher in seine Stadthalle. Da machte sich auch auf Jupp aus der Voreifel in die Stadt Willys, die da heißt Kölle, auf dass er sich schunkeln ließe mit Marie, singem Fisternöllche, die war schwanger. Und als sie dort waren, siehe, da kam die Zeit, dass sie gebären sollte. Und sie gebar ihren ersten Nubbel und wickelte ihn in Lumpen und hängte ihn an eine Hauswand.«

Ich war sprachlos. Einfach nur noch sprachlos.

Für einen Pfarrer ist Sprachlosigkeit natürlich der Super-Gau. Erst recht an Weihnachten.

Denn jetzt war eigentlich ich dran. Das Nächste war meine Weihnachtspredigt. Ich musste da jetzt sofort rauf auf diese Kanzel. Und dann von dort etwas sagen zu einem Geschehen, von dem ich bis jetzt selber immer noch so gut wie nichts verstand. Meine Gedanken überschlugen sich geradezu auf dem kurzen Weg zur Kanzel.

Und, nein – da half es nicht, dass meine Frau mir für den Weg noch schnell eine rote Nase ins Gesicht drückte und der diensthabende Presbyter mir feierlich noch zwei Luftschlangen um den Hals wand. Und auch mein Beffchen ist eigentlich schon klein genug, da musste mir die Kirchenmusikerin auf der Altartreppe nicht auch noch die Hälfte von abschneiden.

Immerhin, als die Gemeinde mich dann schließlich so sah auf der Kanzel, mit Luftschlangen, roter Nase, zerschnippeltem Beffchen und einem Mund, der einfach nicht zugehen wollte – da hatte ich schon meinen ersten Lacher, noch bevor ich überhaupt angefangen hatte.

Was war hier los? War die Maya-Prophezeiung tatsächlich eingetroffen, und die Welt war so anders geworden, dass einer wie ich sie schon gar nicht mehr wiedererkannte? Und vor allem: Wo war Weihnachten? Weg?

Da fiel mein Blick auf den Nubbel. Der Nubbel – diese lumpenverkleidete Strohpuppe, die den ganzen Karneval über draußen an der Hauswand hängt und die dann am Abend vor Aschermittwoch von allen mit den eigenen Karnevalssünden beladen und öffentlich verbrannt wird.

Genau so einen Nubbel hatten sie mir an die Kanzel gehängt.

Ich nahm ihn vorsichtig ab, legte ihn mir auf den Arm wie ein Baby und sah ihn an.

Der nächste Lacher für die Gemeinde. Aber egal.

Dann trug ich den Nubbel einfach hinüber zu dem Stall, den die Kinder dort stehengelassen hatten, und legte ihn in die Krippe.

Jetzt grinste ich.

Und es war mir schnurz, dass der Feiermob da unten wahrscheinlich gleich wieder losgrölen würde mit dem nächsten passenden Lied: »Pänz, Pänz, Pänz« oder »Kölsche Mädcher, kölsche Junge sin dem Herrjott jod jelunge«. Sollten sie.

Aber das mit dem Nubbel, Leute, das war euer Fehler.

Denn der Nubbel steht eindeutig auf meiner Seite.

Endlich bin ich hier nicht mehr allein. Jetzt ist einer bei mir: Der Nubbel, der die ganze Winterzeit über draußen an der Wand hängen muss. Der Nubbel, für den es drinnen auch keinen Raum in der Herberge gibt. Der Nubbel, der erbärmliche Lumpenkerl, den sie auch einfach aufhängen und auslachen.

Ja, mit dem werde ich sie euch erzählen, die alte Geschichte. Wartet's nur ab. So schnell werdet ihr die Weihnachtsbotschaft nicht los. Auch nicht in eurer neuen Maya-Tralala-Zeit.

Und endlich, endlich konnte ich auch meinen Mund wieder zuklappen. Ich wusste, jetzt hatte ich was zu sagen. Mein einziges Problem war: Ich wusste noch nicht, wie.

Aber da – schon hörte ich die ersten Worte aus meinem Mund sprudeln.

Endlich war auch der Pfarrer wieder sprachfähig. Endlich war auch ich angekommen in diesem sonderbaren Weihnachten 2012.

»Leev Lück«, hörte ich mich rufen, »toll, dat ihr all esu so jod drup seid. Hürt ens: D'r Nubbel es jebore. Un dem sing Geschisch dun isch üch jetz verzälle. Ävver als eetstes maache mer jetz 'n Rakete för et Chresskind. Seid ihr dabei? Also: Kommando eins…«

Und schon trampelte die Menge, wie sie es vom Karneval gewohnt war, mit den Füßen auf dem Boden.

»Kommando zwei …«

Farzads Krippe

Das Reinigungsfahrzeug hatte gewendet und fuhr nun wieder die Straße hinunter. Auf dem Dach blinkte das gelbe Licht und unten vor dem rechten Vorderrad rotierte die große Bürste.

Im Schritttempo ging es jetzt auf die Ampelkreuzung zu. Die Straße war wieder sehr schmutzig, denn auch in diesen Tagen vor Weihnachten fuhren jeden Tag hunderte große Lastwagen beladen mit Erde für den Autobahnwall hier vorbei.

Der Fahrer des Reinigungswagens sah die Kerze nicht, die da mitten auf der Straße lag, weil er sich auf das Steuern konzentrierte, immer dicht am Bordstein entlang. Es war eine kleine gelbe Bienenwachskerze. Kurz vor der Ampelkreuzung lag sie mitten auf der Straße, und ihr unterer Teil war ganz plattgedrückt, weil ein Autoreifen darübergefahren war.

Vielleicht lag es an dieser merkwürdigen Form. Denn als die Reinigungsbürste sie ergriff, drückte sie die Kerze gerade so zwischen die Borsten und das seitliche Führungsblech, dass das unförmige Ding von dort mit Schwung, über den Bürgersteig hinweg, ins Gesträuch geschleudert wurde.

An der Stelle, wo die Kerze schließlich hinfiel, stand ein großer kahler Baum, und Efeu rankte sich eine Mauer hinunter und kroch weiter über den Boden.

Aber kaum war die Kerze dort gelandet, halb überfahren, wie sie war, und nun noch ein wenig mehr verdötscht, da hörte sie auf einmal Stimmen, die sie ansprachen:

»Herzlich willkommen im Dreck!« sagte ein großer Zimtstern, der direkt neben ihr dort vor der Mauer lag und dessen Stimme ein wenig dumpf klang, da er in eine durchsichtige Plastikfolie eingepackt war.

»Na, na!«, sagte daraufhin eine silberne Euromünze, die ein kleines Stück weiter links zwischen den Efeuranken lag. »Sei mal nicht so grob zu ihr! Siehst du nicht, dass die Arme verletzt ist?«

Verdutzt schaute die kleine Bienenwachskerze vom Zimtstern zur Euromünze und wieder zurück. »Was macht ihr denn hier?«

»Was machst du denn hier?«, fragten die beiden wie aus einem Munde zurück.

»Für eine Kerze ist dies ja wohl ein mindestens ebenso ungewöhnlicher Ort wie für ein Geldstück oder ein Weihnachtsplätzchen, findest du nicht?«, sagte der Zimtstern mit dunkler Stimme. »Aber wenn du uns deine Geschichte erzählst, erzählen wir dir auch unsere. Du fängst an. Du bist zuletzt gekommen. Also, wir hören.«

»Meine Geschichte?«, stammelte die verdötschte Kerze. Dabei wurde sie auf einmal ganz traurig, als würde ihr jetzt erst bewusst, was aus ihr geworden war.

»Du bist aber auch ein unsensibler Trampel!«, fuhr die Euromünze den Zimtstern gleich wieder an. »Du siehst doch, dass es die viel schlimmer erwischt hat als uns.

Kannst du nicht mal ein bisschen rücksichtsvoll sein? Komm, mach es wieder gut, indem du mit deiner Geschichte anfängst, okay?«

Die Kerze war sehr erleichtert, als sie aus dem Zimtstern-Tütchen daraufhin tatsächlich eine brummelnde Zustimmung vernahm.

Und dann begann der Zimtstern mit seiner Geschichte: »Ich bin wegen Saskia hier«, sagte er, »das heißt, eigentlich ja mehr wegen ihrer Mutter – weil Saskia hier auf ihre Mutter gewartet hatte, die sie abholen wollte. Aber die Mutter kam und kam nicht.

Das war nämlich so: Gegenüber ist ja die Grundschule. Und da war heute Morgen in Saskias Klasse die Weihnachtsfeier. Zum Schluss hatte die Lehrerin aus der großen Geschenkekiste, für die alle Eltern etwas gespendet hatten, für jedes Kind ein Geschenk herausgegriffen. Und Saskia hatte dabei eben mich bekommen. Aber Saskia hat sich gar nicht über mich gefreut, im Gegenteil, sie war ziemlich sauer. Sie hätte viel lieber etwas zum Spielen gekriegt, wie Manuela oder Cora, denn Plätzchen hatte sie zuhause schon jede Menge: die Spekulatiustüte von der Weihnachtsfeier der Flötengruppe, die Domino-Steine aus der Reitschule, die komischen Vanille-Dinger, die ihr die Nachbarin geschenkt hatte, nochmal Spekulatius von der Kindergruppe in der Kirche, der halbe Weckmann von Sankt Martin lag auch noch in ihrem Zimmer – und jetzt auch noch ich! ›Blöder Zimtstern!‹, fauchte sie mich an.

Als wenn ich etwas dafür könnte!

Und als dann noch ihre Mutter nicht kam, obwohl sie versprochen hatte, spätestens um 11 Uhr da zu sein, wurde Saskia immer wütender.

›Ich zähle bis 100‹, sagte sie, ›und wenn du dann nicht da bist, dann werfe ich diesen blöden Zimtstern ganz weit drüben ins Gebüsch. So!‹

Saskia war bei 647, als ein großer Geländewagen bei ihr anhielt, aus dem eine genervte Frau ausstieg, die die weinende Saskia mit Worten wie Stau, Umtauschen und Parkplatz zu beruhigen versuchte.

So genau habe ich das alles aber nicht mehr mitgekriegt, weil ich da längst schon hier zwischen den Blättern lag. Und außerdem -« Seine Stimme aus der Tüte war jetzt sehr leise geworden und nur so gerade eben noch zu verstehen. »Auch für einen Zimtstern gibt es Dinge, die nicht so leicht zu verdauen sind, wisst ihr?«

Einen kurzen Moment lang war es ganz still.

Dann ergriff die verdötschte Kerze das Wort. Sie hatte sich inzwischen wieder gefangen. Das, was der Zimtstern berichtet hatte, so traurig es auch war, hatte sie irgendwie ermutigt, nun auch von sich zu erzählen.

»Meine Geschichte ist auch nicht viel besser«, sagte sie. »Passt auf, am besten, ich fange hinten an: Bevor ich auf die Straße gefallen und überfahren worden bin, war ich auf Christians Gepäckträger befestigt. Christian war nämlich auf dem Weg zur Weihnachtsfeier seiner Konfirmandengruppe gewesen, und ich war vorgesehen als Geschenk für Diana, deren Namen er beim Wichteln in der letzten Konfi-Stunde gezogen hatte. Aber dann war da dieses Schlagloch dort drüben – und den Rest kennt ihr ja. Bis dahin hatte ich eigentlich ein ganz geruhsames Jahr verlebt. Bis Christian mich heute herausgriff als Geschenk für Diana – die er übrigens nicht besonders mag –, habe ich in seiner Kramkiste herumgelegen. Er selber hatte mich voriges Jahr Weihnachten da hineingelegt, nachdem er mich beim Wichteln seiner Schulklasse als Geschenk von Felix bekommen hatte.

Felix wiederum hatte mich wenige Tage davor als Geschenk von der Weihnachtsfeier des Tischtennis-Vereins mit nach Hause gebracht. Frau Mahler, ihre Trainerin, hatte voriges Jahr allen Kindern eine Kerze wie mich mitgegeben.

Frau Mahler hatte nämlich ihrerseits eine ganze Kiste mit Kerzen in der Tombola auf der Betriebsweihnachtsfeier ihrer Firma gewonnen.

Die Kiste stammt von Herrn Zimmermann, der eine Import-Export-Firma betreibt und der in jenem Jahr allen seinen Geschäftspartnern eine Kiste mit Bienenwachskerzen gespendet hatte.

Herr Zimmermann hatte nämlich aus einem Schadensfall, für den die Versicherung aufkam, eine ganze Palette dieser Kisten umsonst bekommen und verteilte sie nun weiter. Natürlich hatte er vor, seine Spendenaktion steuerlich abzusetzen, so dass er beim Verschenken seiner Weihnachtskerzen letztlich sogar noch Geld verdiente.«

»Meine Fresse!«, sagte die Euromünze. »Meine Geschichte ist zwar auch nicht gerade erbaulich. Aber gegen so was ist sie ja fast noch harmlos.«

»Erzähl!«, sagte die halb plattgefahrene Kerze, die sich inzwischen sogar schon ein kleines bisschen wohlfühlte in ihrer Erzählrunde zwischen den schmutzigen Blättern am Straßenrand.

»Vor wenigen Stunden noch lag ich in Gorans Hosentasche«, sagte die Euromünze. »Seine Mutter hatte mich ihm mitgegeben, weil ich gespendet werden sollte bei der Weihnachtsfeier der Theatergruppe im Jugendzentrum. Da wollten sie nämlich, statt Weihnachtsgeschenke auszutauschen, diesmal lieber Geld sammeln. Für Straßenkinder in Lateinamerika, glaube ich.

Aber auf dem Weg dahin hatte sich Goran mit Mark gestritten. Goran und Mark waren zwar Brüder, aber sie stritten sich oft. Diesmal ging es um den Gameboy von Mark, den Goran angeblich kaputtgemacht hatte. Der Streit hatte damit geendet, dass Mark Goran in die Sträucher geschubst hatte. Danach war Goran so wütend, dass er nicht mehr mit ins Jugendzentrum wollte, sondern nach Hause. Da fand er plötzlich mich in seiner Tasche. ›Ah‹, sagte er, ›ein Geldstück: Das tut weh.‹ Er nahm mich in die Hand, drehte sich schnell um und versuchte, mich mit voller Wucht an Marks Kopf zu werfen. Aber getroffen hat er nur seine Jacke. Mark lachte nur und bemerkte noch nicht einmal, dass ich ein Geldstück war. Und so kullerte ich am Ende einfach so zwischen das Efeu.«

Farzad keuchte. Er humpelte noch ein paar Schritte weiter, aber als er sah, dass die Ampel an der Breslauer Straße gerade auf Rot umsprang und die Autos schon wieder anfuhren, gab er resigniert auf. Die anderen waren längst rüber. Wieder wegen des verdammten Beins. Farzad Krüppelkind! Mit seinem Bein hatte er keine Chance, mit den anderen mitzuhalten.

Da hinten liefen sie und lachten.

Bis gerade eben hatte er noch mitgelacht. Sie freuten sich alle auf die Geschenke, die die Sozialarbeiterin mitbringen würde zur Weihnachtsfeier drüben, in ihrem Asylbewerberheim. Die anderen waren jetzt bestimmt schon auf der Fußgängerbrücke. Und er würde wieder einmal nur kriegen, was übrigblieb.

Er hatte schon gar keine Lust mehr hinzugehen.

Immer noch ein wenig außer Atem, lehnte er sich an einen grauen Fernmeldekasten und schaute an seinem kaputten Bein hinunter.Es wurde gerade wieder grün. Aber inzwischen interessierte ihn das nicht mehr.

Denn auf der Erde vor sich sah er auf einmal etwas glitzern. »Ein Geldstück«, murmelte er. Er bückte sich, um es aufheben.

Es war eine Euromünze. Immerhin. Als er es in die Hand nahm, sah er dann, dass auch noch eine verbeulte Kerze dort lag und ein schön eingepackter großer Zimtstern.

Er steckte alles drei in seine Jackentasche. Dann humpelte er nach Hause.

Zuhause traf er niemanden an. Alle Bewohner des Heimes waren ja unten im großen Raum, bei der Weihnachtsfeier, so dass er das Zimmer seiner Familie jetzt eine kleine Weile ganz für sich alleine hatte.

Er holte den Zimtstern, die Euromünze und die kleine Kerze aus seiner Jacke und stellte sie auf der Fensterbank auf: Rechts, auf jener Seite der Fensterbank, wo er seine persönlichen Sachen hinstellen durfte.

Er sah zum Fenster hinaus in den dunklen Himmel.

»Da unten kriegen sie jetzt wieder von dem Krüppelkind erzählt«, dachte er und wurde ein bisschen wehmütig. Er erinnerte sich an das erste Mal, als er die Weihnachtsgeschichte gehört hatte. Er verstand damals noch nicht so gut Deutsch, und deshalb hatte er, als von dem kleinen Kind Jesus die Rede war, dem »Krippenkind«, immer »Krüppelkind« verstanden. Das Wort kannte er, weil man ihn selber damals schon ein paar Mal so genannt hatte. Und er wusste noch, dass er damals gedacht hatte: »Das ist eine gute Geschichte. Ein Kind wie ich ist geboren worden, und die ganze Welt hat sich gefreut. Vielleicht werden sich die Leute irgendwann einmal auch über mich freuen.« Wenn er sich heute daran erinnerte, musste er immer ein bisschen über sich lachen, aber gleichzeitig tat es auch weh.

Er schaute hinunter auf die drei Fundstücke, die er von der Straße mitgebracht hatte: das Geldstück, den Zimtstern und die kleine verdötschte Kerze.

Dann kam ihm eine Idee.

Er sah die Euromünze an und sagte zu ihr: »Du bist Joseph. Dich tue ich gleich in meine Spardose, damit ich mir irgendwann einmal einen Computer kaufen kann.« Danach schaute er auf den Zimtstern und sagte zu ihm: »Du bist Maria. Dich werde ich gleich aufessen. Bestimmt schmeckst du besser als alle Plätzchen, die die anderen jetzt da unten kriegen.«

Dann holte er vom Herd die Streichhölzer und klemmte die halb plattgefahrene Kerze zwischen zwei schillernden Steinen fest, die er einmal am Autobahnwall gefunden hatte. Zu der verdötschten Kerze sagte er: »Und du bist das Krüppelkind.«

Dann zündete er die Kerze an. Sie leuchtete schön, und ihre Flamme spiegelte sich in der Fensterscheibe und ein bisschen auch auf der Euromünze und in der Plastikfolie seines Zimtsterns.

Alles muss raus

Ach, was weiß denn ich?! Verschenken Sie es einfach!«
hatte die Pfarrerin gesagt. Mit dem typischen ge-
nervten Unterton der beginnenden Adventszeit hatte sie
ihm diesen Satz hingeworfen und war dann zur nächsten Weihnachtsfeier geeilt. Dabei hatte Rudi doch nur
gefragt, was er mit all den Requisiten des Krippenspiels
vom Vorjahr machen solle. Als Küster und Hausmeister
der Gemeinde war er ja für solche Dinge verantwortlich,
und der Platz im Gemeinde-Keller war schließlich be-
grenzt. Aber neuerdings wollte die Pfarrerin unbedingt
jedes Mal das komplette Requisiten-Equipment für das
Krippenspiel am Heiligen Abend neu basteln mit ihren
Konfirmanden. Neues Konzept, landeskirchliches Projekt, irgendwie so etwas.

Und dann waren das auch noch immer so große und
so sperrige Puppen, die dabei entstanden.

»Und was mache ich mit dem Zeug vom Vorjahr?«
hatte er gefragt.

»Ach, verschenken Sie es einfach!«

Da lagen sie nun also auf dem Teppich in seinem Wohnzimmer und an den Fernseher gelehnt und auf der Fensterbank und unter der Kommode – die Krippe mit dem
Stroh und der Babypuppe, die Könige, der Stern und all
die anderen angestaubten weihnachtlichen Requisiten
vom Vorjahr.

Wenn seine Frau gleich von der Arbeit bei DHL zurückkam, würden noch diese großen Kartons dazukommen, die sie wieder mitbringen wollte, und dann wäre das Zimmer so richtig voll.

Aber trotzdem freute sich Rudi schon auf den nächsten Tag. Denn morgen, am 4. Advent, würde die Familie wieder zusammenkommen in diesem Zimmer und eine neue Runde jenes Weihnachtsspiels einläuten, das sie für sich vor ein paar Jahren erfunden hatten.

»Ach, verschenken Sie es einfach!« Wenn die Pfarrerin wüsste, was sie mit diesem Satz damals losgetreten hatte.

Ellen, seine Frau, hatte damals die Initialzündung gegeben. Sie hatte diesen Satz ganz einfach wörtlich genommen: »Hört mal: Ich krieg doch von DHL als Weihnachtsbonus immer diese großen Kartons, wo ich umsonst Sachen mit verschicken kann. Wollen wir das Krippen-Personal vom Vorjahr nicht einfach da hineinpacken? Und dann verschicken wir alles in die Weltgeschichte.«

»Jawohl, mit Schleifen drum und Sternen drauf!« hatte Luise sofort gerufen.

»Und ich helfe!« Klara, ihre kleine Schwester, war also auch mit dabei.

Aber die entscheidende Idee hatte dann am Ende Finn beigesteuert, der Nachbarsjunge, der zuletzt ständig bei ihnen am Tisch saß, vermutlich wegen Luise. Er hatte bei ihnen inzwischen den Beinamen: der ‚freche Finn‘. »Ja«, hatte Finn damals begeistert gerufen, »und gemeinsam überlegen wir dann, wer welches Paket verdient hat. Da werden uns schon genug Promi-Nasen einfallen, denen wir so ein Paket auf den Hals schicken können, da bin ich mir sicher.«

Und tatsächlich, seitdem trafen sie sich, jetzt schon im dritten Jahr, regelmäßig am Nachmittag des 4. Advent. Sie überlegten gemeinsam, wer sich welche Krippenfigur im vergangenen Jahr »verdient« hatte, schrieben dem Adressaten ihre Begründung auf ein Kärtchen – und dann machten sie das Paket fertig.

»Gib mal die drei Könige aus dem Morgenland.« Diesmal machte Ellen den Anfang. »Die pack ich mal gleich als erstes ein.«

»Und wer soll die kriegen?« fragte Luise gespannt.

»Das ZDF. Die suchen doch seit Monaten verzweifelt einen Moderator für ihre ›Wetten dass‹-Sendung. Drei Könige – da sollte dann doch jetzt einer dabei sein, der passt.«

»Wetten, dass – die den Quassel-Caspar nehmen?« Der freche Finn machte seinem Beinamen mal wieder alle Ehre.

»Okay«, sagte Rudi und schnappte sich die drei Holzkästen, die direkt neben den Königen lagen. »Dann machen wir doch hiermit mal gleich weiter: Gold, Weihrauch und Myrrhe. Vorschläge bitte!«

»Griechenland«, sagte Klara.

Alle guckten sie an. Inzwischen konnten also schon Fünfjährige die Pleitestaaten Europas aufsagen.

»Keine schlechte Idee«, sagte Rudi. »Die könnten das Gold sicher gut brauchen. Aber andererseits: Als kirchlicher Mitarbeiter habe ich auch Verantwortung, dass unsere Kirche nicht pleite geht. Ich schlage daher vor: Wir senden das Gold nach Düsseldorf zu unserem Landeskirchenamt. Die haben da doch gerade satte 20 Millionen Euro in den Sand gesetzt durch irgendwelche windigen Anlagegeschäfte einer ihrer outgesourcten Töchter.«

»Nein«, sagte Ellen, »ich finde, alle drei Gaben gehen an den Papst nach Rom. Bei seinem Deutschland-Besuch im Herbst wollte er uns doch partout kein ökumenisches Gastgeschenk mitbringen. Dafür kriegt er von deutschen Protestanten jetzt drei zurück.«

»Weihrauch zu Weihrauch«, kommentierte Finn trocken und fügte hinzu: »Und außerdem: Die Myrrhe passt zum Vatikan ja sowieso schon mal super. Ich habe neulich gelesen, Myrrhe hat man früher benutzt zum Einbalsamieren von Leichen.«

Klara hatte sich inzwischen zum Stern vorgearbeitet, der allerdings schon ein bisschen verdötscht war. »Und für wen ist der?«

»Ein verdötschter Stern: Welcher gefallene Star aus 2011 soll den denn kriegen? Berlusconi?« Den hatte Ellen noch nie gemocht.

»Ich biete Kachelmann«, sagte Luise.

»Oder Westerwelle? Rösler? Lindner? Die komplette FDP?« Rudi bot jetzt auch mit.

»Nein!« entschied Klara und drückte den Stern ganz

fest an ihre Brust. »Ich mach den Stern wieder heil, und dann kriegt den Lukas Podolski.«

»Hier, Ochs und Esel. – Mann, die sind aber wirklich groß geraten.« Rudi baute sie nebeneinander auf.

Und schon hatte Ellen eine Idee: »Die schicken wir nach Frankfurt zur Deutschen Börse. Und wir schreiben: ›Anbei Ochs und Esel. Bitte austauschen gegen Bulle und Bär und vor eurem Laden aufstellen. Vielleicht könnt ihr dann zur Abwechslung ja mal an etwas anderes glauben als immer nur an Wachstum, Wachstum, Wachstum und steigende Aktienkurse.‹ Und wo wir gerade dabei sind«, sie war jetzt richtig in Fahrt, »gebt mal die Engel her. Die packe ich ein für diese bescheuerten Rating-Agenturen. Die erzählen uns auch immer das Blaue vom Himmel und tun so, als wäre es das Evangelium.« Ellen hatte sich ordentlich in Rage geredet und stand sichtbar noch immer unter Strom.

Rudi wollte sie ein bisschen beruhigen und griff sich die Maria. Zu Ellen gewandt fragte er: »Und die Maria geht wieder an Margot Käßmann, richtig?«

»Ach, nein, nicht schon wieder. Ich finde, diesmal …« Sie zögerte kurz, dann blitzten ihre Augen boshaft auf. »Nein, diesmal kriegt die der Guttenberg. Jawohl, Maria geht an Karl Theodor Freiherr von und zu Guttenberg.«

Rudi schaute sie ratlos an.

»Na, überleg doch mal: Der Guttenberg hat doch, wie Maria, auch so eine Art Jungfrauengeburt erlebt. Der ist ohne Zutun eigener geistiger Anstrengung auf wundersame Weise schwanger geworden von seinem Kopierer und hat eine Doktorarbeit zur Welt gebracht.«

»Sag du noch einmal ›frecher Finn‹ zu mir!« murmelte Finn und schnappte sich die Reste, die noch im Wohnzimmer herumlagen. Da war zunächst die Puppe aus der Krippe: »Das Baby kriegt wer?« fragte er in die Runde.

»Prinz William und Kate. Nachträgliches Geschenk für die Hochzeit des Jahres«, kam es aus Luises Mund, als hätte sie auf diesen Satz gewartet.

»Dann haben wir da noch: Das Stroh aus der Krippe. – Bitte!«

»Das Stroh taugt doch prima als Nachschub für die Birne von Dieter Bohlen«, feixte Rudi. »Damit er auch 2012 die Reihe seiner gruseligen Casting-Shows ungebremst fortsetzen kann.«

»Und schließlich hätten wir hier noch: die Hirten«, sagte Finn und zeigte sie hoch. »Für die habe ich selber einen Vorschlag: Die Hirten schicken wir an die Piratenpartei. Auf der Liste der schrägsten Hoffnungsträger der Weltgeschichte sind die doch gleich ziemlich weit oben.«

Ellen und Rudi schauten ihn an. So einen Satz hätten sie ihm gar nicht zugetraut.

Rudi sah sich dadurch ermutigt, nun auch seinerseits einen etwas ernster gemeinten Vorschlag für die letzte Figur zu machen, die da noch lag. »Den Joseph würde ich gern nach Ägypten schicken. Das hat Gott ja damals mit dem richtigen Joseph auch gemacht in diesem Traum. Unseren Joseph würde ich gern zu den Demonstranten vom Tahrir-Platz in Kairo schicken. Und würde schreiben: Mit schönen Grüßen – wie dachten, ihr könnt jeden Mann brauchen.«

Später am Abend kam noch Onkel Paul kurz zu Besuch. Er wunderte sich über die vielen DHL-Pakete im Wohnzimmer mit den prominenten Namen auf den Adressaufklebern.

»Ah, verstehe«, grinste er schließlich, als die Familie ihm ihr weihnachtliches Pakete-Spiel erklärt hatte. »Rudis Reste-Rampe.«

Und alle lachten.

»Aber warum steht denn zwischen all euren Paketen noch diese völlig leere Krippe herum? Habt ihr für die keinen Adressaten mehr gefunden?«

»Nein, nein«, sagte Ellen, »das gehört zu unserem Spiel: Der ganze Krippenspiel-Kram wird in die Weltgeschichte versandt. Aber die leere Krippe bleibt. Die lassen wir immer stehen in unserem Wohnzimmer. Die ist irgendwie unser Symbol geworden, ich weiß auch nicht. Fürs neue Jahr und überhaupt so.

Wenn man sich leer gemacht hat, so denke ich mir, dann kann ja auch wieder was kommen …«

Heuhaufen
Weihnachten in der National Security Agency

Ich hatte keine sexuelle Beziehung mit dieser Frau.« John D. saß in der Zentrale der NSA in Fort Meade, Maryland, und starrte auf diesen Satz.

Hatte das nicht mal so ähnlich Bill Clinton gesagt? In dieser etwas unappetitlichen Affäre um einen angeblichen Spinatfleck auf dem Kleid seiner Praktikantin Monica Sowieso?

»Mailand oder Madrid – Hauptsache Italien.«

Keine Ahnung, wer das gesagt hatte. Der Spruch hing direkt neben dem anderen an der Wand.

»Diese Vorgänge sind mir nicht bekannt, und ich verspreche die brutalst mögliche Aufklärung.«

Mann – wer dachte sich bloß solche Sätze aus?

Diesmal hatte es ihn erwischt.

Diesmal war es an John D., über die Feiertage die Stellung zu halten in der NSA-Zentrale. Das Fahnden nach Terroristen in den schier unendlichen Datenströmen dieser Welt, die inzwischen ausnahmslos alle über die NSA-Server geleitet wurden, vertrug keine Pause.

»I have a dream.«

»Immer wenn du denkst, es geht nicht mehr, kommt von irgendwo ein Lichtlein her.«

»Ich bin schwul – und das ist auch gut so.«

Das waren die drei Sprüche auf der gegenüberliegenden Wand.

John D. ließ den Schreibtischsessel herumkreisen und konnte sich auf nichts davon einen Reim machen.

Aber deswegen saß er ja hier: um in lauter unzusammenhängenden Informationen ein Muster zu finden und am Ende zu jener Schlussfolgerung vorzudringen, die dem Ganzen einen Sinn gab.

»Den Sozialismus in seinem Lauf halten nicht Ochs noch Esel auf.«

Sozialismus – was war das jetzt noch mal?

Aber schon schweiften seine Augen weiter zu den beiden anderen Sätzen, die an der Fensterseite des Raumes direkt neben dem »Ochs und Esel«-Satz an die Scheiben geklebt waren:

»Mal verliert man, mal gewinnen die anderen.«

Das muss ein Loser gewesen sein, der das gesagt hat.

Und dann noch dies: *»Wir dürfen jetzt nicht den Sand in den Kopf stecken.«*

Dieser letzte Satz erinnerte ihn an etwas.

Dass er überhaupt bei der NSA gelandet war, hatte mit etwas zu tun, was in seinem Kopf war. Etwas ganz Besonderes, was nicht viele hatten.

Sein Vater hatte es oft zu ihm gesagt, daran erinnerte er sich gut. Erst hatte er es als eine Art Beleidigung verstanden, weil sein Vater dabei immer so böse geguckt hatte, wenn er zu ihm sagte: »John, John, John, du hast wohl nichts als Stroh in deinem Kopf, was?!«

Aber als er dann den General kennenlernte, begriff er, dass das, was da in seinem Kopf war, aus einer anderen Perspektive betrachtet eine höchst wertvolle Ressource

war. General Keith B. Alexander: sein berühmter Chef, »Haystack-Keith«, der König der Heuhaufen.

Der General hatte die nationale Sicherheitsbehörde NSA in wenigen Jahren zur größten Datenkrake der Welt aufgerüstet. Inzwischen gab es weltweit praktisch keine menschliche Kommunikation mehr, die nicht auf die eine oder andere Art von ihnen abgegriffen und ausgewertet wurde. Und wenn man ihm kritisch kam deswegen, dann brummte der General nur: »Mann, wir suchen Terroristen! Wisst ihr, was das heißt?! Das ist, wie die Nadel in einem Heuhaufen suchen.« Und dann fügte er meistens kalt lächelnd hinzu: »Und wenn du die Nadel finden willst, dann musst du erst mal den Heuhaufen haben. Und ich – ich will alle verdammten Heuhaufen dieser Welt!«

John D. hatte das mit den Heuhaufen schwer beeindruckt damals. Er wusste gleich: Mit seinem Kopf würde
er da genau am richtigen Ort sein. Und so hatte er sich
gleich beworben.

Ja, und jetzt saß er also hier und starrte auf Sätze wie
diesen: »*Das Runde muss ins Eckige.*«

Das war der erste von den drei Sätzen, mit denen man
ihm auch die vierte Wand des Raumes dekoriert hatte.
Klingt wie ein Rätselspruch, dachte er. »Herberger« stand
in Klammern noch darunter. Herberger?

»*Wer Visionen hat, sollte zum Arzt gehen.*« Das hatte
man gleich daneben gehängt.

Und dann schließlich noch so ein Verlierer-Satz:

»*Erst hatten wir kein Glück, und dann kam auch noch
Pech dazu.*«

Wo hatten die Kollegen bloß all diese Sätze her?

Wort für Wort höchst wertvolles Erkenntnisgut, ohne
Frage.

Wieviel Milliarden Datensätze mussten sie durch-
forscht haben, um am Ende dies herauszufiltern? Wieviel Daten-Heuhaufen mussten sie hin- und hergewendet
und wieder und wieder durchgesiebt haben mit ihren
Algorithmen und Spy-Software-Tools, um am Ende
schließlich zu diesen Sprüchen vorzustoßen?

Nur: Was bedeutete dies alles?

Was verband diese Sätze?

Was war der geheime rote Faden?

Genau das herauszufinden, war nun also seine Weih-
nachtsaufgabe. Denn genau dazu musste er dem General

gleich am ersten Morgen nach den Feiertagen ein Memorandum auf den Schreibtisch legen.

Diese Sätze waren gleichsam zwölf Nadeln, die die NSA-Mitarbeiter aus unzähligen Heuhaufen auf der ganzen Welt herausgefiltert hatten. Und er musste jetzt den roten Faden finden, um diese zwölf Nadeln – zu verbinden? zusammenzunähen? was jetzt eigentlich genau?

Er spürte wohl in seinem Kopf, dass an diesem Nadel-Faden-Bild irgendwas schief war. Aber dann war er von all dem anstrengenden Grübeln im nächsten Moment auch schon eingenickt.

Und auf einmal fand er sich wieder beim Weihnachtskrippenspiel seiner beiden Töchter im Kindergarten, wo er heute Vormittag noch gesessen hatte. Er hörte geradezu wieder diese wunderbaren Weihnachtslieder, inbrünstig intoniert aus zwanzig Kinderkehlen, er roch geradezu wieder den leckeren Glühwein, den man an die Eltern ausgeschenkt hatte – und da, just da machte es auf einmal Klick! in seinem Inneren, und er wusste: Jetzt hab ich's tatsächlich! Yeah! Ich habe den roten Faden!

Der rote Faden ist die Weihnachtsgeschichte!

Ja, die NSA hat Weihnachten abgehört!

Und ich habe es herausgefunden!

Und gleich fuhr er seinen Computer hoch und schrieb los: *»Ich hatte keine sexuelle Beziehung mit dieser Frau.«* Das war nicht Bill Clinton. Das war Josef!

Derselbe Josef, dem der Engel im Traum erschienen war und der dann freudestrahlend zu Maria lief und rief: *»I have a dream!«*

Aber Maria glaubte ihm nicht und sagte: »*Wer Visionen hat, sollte zum Arzt gehen.*«

Da war dann Josef beleidigt und ließ Maria die ganze Wahrheit wissen: »*Ich bin schwul – und das ist auch gut so.*«

Sie sind dann trotzdem zusammen nach Bethlehem gegangen. Allerdings war da nirgends ein Platz für sie. Als dann aber der Herberger den dicken Bauch von Maria sah, fiel ihm sein Stall ein, und er sagte: »*Das Runde muss ins Eckige.*«

Und dann waren da auch noch die Weisen aus dem Morgenland. Die wollten auch dazu kommen, wussten aber überhaupt nicht, wohin. Und siehe da: »*Immer wenn du denkst, es geht nicht mehr, kommt von irgendwo ein Lichtlein her.*«

Und damit kamen sie schließlich nach Jerusalem. Dort fragten sie bei König Herodes nach dem neugeborenen König der Juden. Herodes aber antwortete: »*Diese Vorgänge sind mir nicht bekannt, und ich verspreche die brutalst mögliche Aufklärung.*«

Sogleich fragte Herodes nach bei seinen Schriftgelehrten, wo der neugeborene König denn wohl zu finden sei. Und die Schriftgelehrten gaben zur Antwort: »*Mailand oder Madrid – Hauptsache Italien.*«

Das hörte auch Herodes und sagte sich: »*Wir dürfen jetzt nicht den Sand in den Kopf stecken.*« Also schickte er seine Soldaten nicht in die Wüste, sondern nach Italien. Und die Soldaten riefen dort in jeden Stall hinein: »*Den Sozialismus in seinem Lauf halten nicht Ochs noch Esel auf.*«

Aber den richtigen Stall fanden sie trotzdem nicht. So kehrten sie wieder um zu Herodes und berichteten ihm: *»Erst hatten wir kein Glück, und dann kam auch noch Pech dazu.«*

Aber Herodes war inzwischen ganz locker drauf – es war ja schließlich Weihnachten – und antwortete: *»Mal verliert man, mal gewinnen die anderen.«*

Wahnsinn, dachte John, das passt ja tatsächlich! So muss es gewesen sein!

Jetzt muss ich nur noch irgendwo in der Geschichte einen Heuhaufen unterbringen. Für den General. Ich glaube, das mache ich am besten bei Ochs und Esel in Italien, wo die Soldaten den Sozialismus hinbringen.

So – und jetzt noch zwei Mal ausdrucken.

Einmal für den General, klar.

Aber einmal auch für mich.

Denn das lasse ich mir nicht nehmen: Die Weihnachtsgeschichte an Heiligabend in meiner Kirche – die werde in diesem Jahr ich vortragen. In meiner Version.

Ja, ich, John D., werde der erste sein, der der Welt die wahre Weihnachtsgeschichte bringt …

Hey, halt! – wollen Sie dazwischenrufen? Das könnt ihr doch nicht machen! Ihr von der NSA könnt uns doch jetzt nicht auch noch die Weihnachtsgeschichte abgreifen?

Yes, we can!

Kabarett auf der Grenzlinie von ernst und lustig, fromm und frech – das ist seit je her ein Markenzeichen des KLÜNGELBEUTEL. Seit 1990 hat das Kölner Ensemble in über 800 Vorstellungen das kirchliche und religiöse Leben hierzulande satirisch begleitet und auf KLÜNGELBEUTEL-typische Weise kommentiert. Dazu gehörten auch kabarettistische Bibelarbeiten auf Kirchen- und Katholikentagen, die Begründung der PROT's Sitzung (der alternativen protestantischen Karnevalssitzung in Köln) und 2008 die »Honnefer Zündkerze«, der erste deutsche Kirchenkabarett-preis.

Das Bühnenensemble

Der KLÜNGELBEUTEL

Wolfram Behmenburg, Jahrgang 1954, mit 50%-Stelle als Pfarrer in Köln-Weiden tätig und mit Ulrike verheiratet. Gründete 1990 das Ensemble. Autor der Texte.

Walter Kunz, Jahrgang 1957, Pfarrer in Köln-Porz-Wahnheide, Klavierspieler und seit 1994 dabei.

Ulrike Behmenburg, Jahrgang 1957, Sozialpädagogin mit halber Stelle in der Bildungsarbeit mit internationalen Studierenden. Gründungsmitglied des KLÜNGELBEUTEL.

Fotos auf der gegenüberliegenden Seite:

Doris Kunz, Jahrgang 1959, Lehrerin und Fachseminarleiterin Sport, mit Walter verheiratet. Als Stagehand und Fahrerin seit 2013 fest im Team.

Joschi Vogel, Jahrgang 1960, Schauspieler und Regisseur. Inszeniert seit 2000 die KLÜNGELBEUTEL-Programme und hat zusammen mit Wolfram, dem Autor, »Djihad in Wittenberg« ausgetüftelt.

www.kluengelbeutel.de